やがてアメリカ発の
大恐慌が襲いくる

Takahiko Soejima
副島隆彦

ビジネス社

まえがき

本書は、やがて日本にアメリカ発の世界恐慌が押し寄せるであろう、という推測を説明する本である。なぜ世界恐慌が来るのか。その理由は三つある。

ひとつは、いわゆる「コンドラチェフの波（60年周期）」が、２０００年3月のネット・バブルの崩壊以降は、大きな下降線に入っている。「景気の波」あるいは「経済循環論」の立場から言って、大きな流れとしての景気回復はない。世界規模での経済は、すでに下降線に入っている。この景気の波の動きを無理矢理人為（人工）で上向かせることは出来ない。このことを第三章から細かく証明する。

二つ目は、資本主義（これを市場経済と呼び変えても同じ）が、「過剰設備、過剰在庫」をその宿痾《しゅくあ》（業病）として持っていることだ。これを英語では、surplus（サープラス）と一語で言うが、この問題をどうしても解決しなければならない。それで、アメリカはイラク戦争のような馬鹿なことをする。そうするしか他にアメリカ国内の景気を維持できないからである。

戦争という〝大破壊事業〟をやることで、新しい需要《デマンド》を生んで、過剰在庫を一掃して、それで経済に活気をもたらそうとする。アメリカから戦争を仕掛けられる弱小国（アメリカ帝国への反抗国家）にしてみれば迷惑な話である。その国の国民は何十万人かが死ぬ。それでも、作れば作るほど売れなくて倉庫に積みあがる過剰在庫と過剰設備を現代資本主義は抱え込んでしまうので、戦争に走らざるをえない。アメリカのブッシュ政権は、ネオコン戦略という凶暴な戦争路線でこのことを遂行しているのである。

三つ目は、やはり日本とアメリカの両政府は、あまりにも巨額の〝累積の〟財政赤字を抱えてしまっている。それをやりくりするために、小泉政権もブッシュ政権も、どちらも「金融政策（financial policy ファナンシャル・ポリシー）」に偏りすぎて、お札（紙幣）を大量に刷って市中（国民生活）に流している。その膨大な通貨量（お札と、各種の信用貨幣の合計）を維持するために、赤字国債（国の借金証書）を刷りまくって、それで当面の必要な資金を手当て（ファイナンス）している。

これがやがて破裂する。日本は８００兆円の累積の財政赤字（単年度ではない。「累積の」である）があり、アメリカ合衆国にも、深刻な財政赤字がある。連邦政府（中央政府）

だけでなく50州ある州政府が抱えている財政赤字は膨大である。おそらく日本の倍の14兆ドル（1600兆円）ぐらいあるだろう。いや、さらにその倍ぐらいあるかもしれない。「政府が抱える財政の赤字分は、永遠に先延ばし出来るから返さなくてもいい」という理論もあるそうだが、そういうわけにはいかない。どうせ国民にしわ寄せがいく。だから裕福な老人たち（この人々が資産家である）が溜め込んだ金融資産が国に狙われている。それを日本政府は、相続の際に相続税で取り上げようとしている。裕福な老人たち（資産家層）の相続が狙われている。

以上の三つのことを証明できれば、この本を書く目的は達成される。私の本は、客（読者）を騙《だま》さない。私はこれまでも本当のことを書いてきた。一番大切なものは信用（信頼関係）である。政治や思想の分野だけでなく金融・経済の分野でも私は言論の王道を歩みたい。

第二章　**日本はもはや経済大国ではない**　

第四章　すでにアメリカの衰退は始まっている

第五章　今やあらゆるサイクルが下降局面を示している

第六章 政府が国民の相続資産を狙っている

第七章　日本人よ、騙されるな、目を覚ませ

袋とじ特別付録「超優良&好成績ヘッジファンド・リスト」

第一章

景気は本当に回復しつつあるのか？

アメリカから帰国し、これより緊急警告の一冊を記す

この本は、緊急出版の本である。私は、この本を本当にたったの一週間で書き上げなければならない。今日は、２００４年３月９日（火曜日）だ。この本が、日本全国の主要書店の棚に並ぶのは、４月の初めである。その時にこの本の読者である皆さんに実際に手にとって読んでいただける。その時まで、たったの３週間しかない。私の原稿をゲラ（galley proof《ギャリー・プルーフ》）にして、それから印刷したり製本したり、その後「取次ぎ」と呼ばれる本の卸売り業者によって全国の書店にトラックで運ばれる時間までいれて３週間だ。こういう単行本の作り方をする著者は、私以外にはいないだろう。出版業界の専門家たちは目を回す。普通、本と言うのは、著者が原稿を書き上げてから本になるまで最低でも２ヶ月かかるからである。

私はたったの一週間で一冊書きあげて見せる。それでも私はこれまで一冊たりとも粗末な内容のいい加減な本を書いて出版したことがない。それは私、副島隆彦の本の読者になってくださった皆さんにはよくお分かりのことと思う。

ラスヴェガスは金持ち老人の「資産防衛」都市となっていた

私は、一昨日の3月7日までアメリカ合衆国にいた。目下の話題であるアメリカ大統領選挙の調査・研究に行っていたのである。その傍《かたわ》ら、アメリカ国内の裕福な老人たち（資産家層）の金融資産の逃がし方の調査もやってきた。このことは後の方ですこしだけ書く。アメリカ国内の裕福な老人たち（上層の年金生活者）たちは、賭博《ギャンブル》で有名な都市であるラスヴェガスのあるネヴァダ州や、デラウエア州や、ワイオミング州に移り住んで、節税対策をやって、保有資金で年率15％ぐらいの利回りをあげて自分の老後の蓄えをしっかり守っている。

旧来、アメリカの大金持ちたちが引退して暮らす先は、フロリダ州の、マイアミの北のパーム・ビーチ（palm beach）という高級リゾート地であった。しかし、今はちがう。アメリカ合衆国内の、弱小の州は、自分たちの生き残りを賭けて、なりふり構わず自分の州を「経済特区」にして裕福な人々と資金を呼び寄せている。

つまり、アメリカ合衆国内に「タックスヘイブン」（租税回避地）や、「オフショア・マネー・センター」となっている特殊な州がある、ということである。だから今のラスヴェガスは、博打《ばくち》の街なのではなくて、金持ち老人たちが、老後をゆったりと暮らすための「資産防衛都市」なのである。

これを、アメリカ政治学の知識では、「納税者の反乱」(tax payers' revolt タックスペイヤーズ・レヴォルト)という。本当の納税者《タックスペイヤー》というのは、どこの国でも実は裕福な老人たちのことである。彼らの不動産資産(貸しビルとか、コンドミニアム投資)や年金資産こそは、その国の富の中心部分である。それを、政府が狙う。

国税庁=税務署が狙って厳しく取り立てようとする。アメリカでは、税務署は、IRS《アイ・アール・エス》(Internal Revenue Service インターナル・レヴェニュー・サービス、内国歳入庁《ないこくさいにゅうちょう》)という。アメリカの税金の取り立ては、苛酷である。今の日本のような甘い「ザル」ではない。お奉行様のお目こぼしなどない。もし、修正申告義務違反の隠し金があることが判明したら、個人の家であっても、IRSは踏み込んで来て「査察」どころか、逮捕してしまう。

アメリカの納税者たち(すなわち金持ち老人たち)も負けてはいない。彼らは、政治家を動かす。金持ち老人たちのパワーが、政治を動かすのである。金持ち老人たちにかなう政治家（議員と政権閣僚）はいない。本当の政治の、基盤、土台のところは、金持ち老人たちが動かしているのである。だから、アメリカの大統領を本当に選挙で選ぶ力をもつのは資産家の老人たちである。本当の本当は、ニューヨークの金融・石油財界を握り締めている〝真実の世界皇帝〟であるデイヴィッド・ロックフェラー（89歳）なのだが。

現在のアメリカなら年率15％ぐらいの運用は可能だ

だから、私は、この本の終章で、「日本の金持ちたちも、資金を、アメリカに逃がして、年率15％ぐらいで運用すべきである」ということを書く。そのお金は、自分の老後の生活資金ではない。欲張りな自分の子供に相続で残すお金であってもならない。これからアメリカに逃がすべきお金は、あなた方のお孫さんが、たとえば、アメリカの大学に入って勉強する時の学費のようなものにならなければならない。

人はすぐに老人になる。私は、今、50歳だが、あっと言う間に50歳になった。あと10年で私も老人である。だからどんな人もすぐに歳をとって老人になる。その時に、自分が苦労して蓄えた大切な金融資産を、ぶるぶる震えながら、「タンス預金」にして、いじましく肌身離さず守ろうとするのではなくて、お孫さんのためのお金にするべきである。自分はどうせそのうち死ぬが、死んでもあとに残るようにすればいいのである。

そこから毎年のキャピタル・ゲイン（運用益。申告義務のある課税所得）を得る形にするのではなくて、「信託財産」のような形にして後《あと》に残すのがいい。そのように考えて、上手に運用すれば、今のアメリカでなら、元本に利息積み増しの形で、年率15％ぐらいの運用は十分出来るのである。

景気が回復しつつあるという風潮にごまかされてはならない

「景気は回復しつつある」と騒ぎ出している人々がいる。日本政府（小泉政権）もそのつもりである。本当に景気は回復しつつあるのだろうか。読者の皆さん、ここは本気で思案してみるべきところである。東証の平均株価が1万2000円になったとしてもそれは景気の回復ではない。私は今日、3月9日付の日経新聞（夕刊）で次の記事に出合った。アメリカの〝投資の神様〟であるウォーレン・バフェット（バークシャー・ハザウェイ社の主宰者）が次のように書いているのである。

ウォール街　ラウンドアップ「バフェットに見るカネ余り」

今の株価は魅力的か――。そんな疑問が漂うなか、投資会社バークシャー・ハザウェイを率いる著名投資家ウォーレン・バフェット氏が書いた「株主への手紙」が話題をさらっている。

「株式に割安感はない」「バブルのときに保有株を一部売らなかったのは間違いだった」「当社の将来は過去の実績ほど明るくない」――。ざっくばらんに書き留めた文面を見る限り、株式に対する熱い思いは見られない。

バークシャーでは投資先のないまま抱え込んだ現預金が３００億ドルを超えた。株安の予言ととるか、将来の潜在的な買い余力がたまっているととるか。少なくとも、行き場を失った今のカネ余り現象の一断面ではある。

（「日経新聞・夕刊」２００４年３月９日）

このようにウォーレン・バフェットは、必ずしも現在のアメリカの「好景気」を歓迎していない。いや、むしろ警戒心を表明している。「今こそ持ち株の売り時ではないのか」とさえ、この投資の神様は自分の支持者たちへの手紙で書いているのである。日本人投資家である私たちも、「もう　はまだなり。まだ　は　もう　なり（もう売り時だ）」という教訓の格言を知っている。景気が回復しつつあると囃《はや》し立てる目下の策略的な風潮に私たちはごまかされてはならないのである。

日米の金利が2ケタ以上も違うという異常な事態が起こっている

私は、日本政府（小泉自民党政権）に向かって、この場ではっきりと言う。為政者の皆さんは、アメリカから激しい圧力と脅迫を受けている。日本国民には、「預貯金の金利は、年率0・05％でいいではないか。それで十分である。ありがたいと思いなさい」という態度である。

年率0・05％というのが、果たして金利であろうか。100万円を一年間、銀行か郵便局に預けて、それで受け取る利子（金利）が500円だ、などというが、本当に、「正常な国家」がやることかどうか、考えてみるがいい。こういう「ゼロ金利」をアメリカ政府とニューヨークの金融財界（これを、globalists グローバリストという。世界を支配して、周辺諸国を家来や属国にしている人々）に強制されて、それで、もう10年近くも日本はこういう状態だ。一体、いつまでこういう惨めな状態を続ける気ですか。

アメリカでは、チェッキング・アカウント（checking account 日本で言えば、当座預金）でさえ、年率6％ぐらいのものがある。その他の定期ものの金融商品であれば年率10％ぐらいはすぐに出る。どうして、日本の「政・官・財」の指導者たちは、そんなにアメリカにヘイコラして、卑屈になって、アメリカの政府高官の東アジア担当の管理責任者たちの前で、怯《おび》えて、土下座せんばかりになっているのか。そんなにアメリカ様《さま》が怖いか。

それは確かに怖いだろう。「日本がアメリカの言うことを聞かないと、北朝鮮の方角からヘンなミサイルが飛んでくるぞ」と妙な脅され方をすれば、今の日本人のほとんどは、震え上がってアメリカに這い蹲《つくば》るだろう。「どうか、アメリカ様。私たち哀れな日本人を軍事力で守ってください。お金ならいくらでも出します。何でもいうことを聞きます。イラクに派兵しろ、と言うのなら、元気な連中がいますから派遣します」ということだろう。

つまり、日本はアメリカの属国《ぞっこく》なのである。属国のことを、英語では、a tributary state「トリビュータリー・ステイト」という。帝国に対して実質的に服属して、貢ぎ物を捧げる国である。この『属国・日本論』（五月書房刊、１９９７年）は、私が唱導してきた理論である。

日本のゼロ金利はアメリカに脅され、騙された結果だ

日本政府は、去年1年間だけで、20兆円の米国債（ナショナル・ボンド）を買った。その理由は、「1ドル１０５円という急激な円高を阻止するには、ドルを買わなければならない。そうしないと日本の稼ぎ頭である輸出大企業が利益を出せなくなる」という理屈である。それで去年1年で、20兆円。今年に入って1月、2月のたった2ヶ月で10兆円もの「円売り・ドル買い」をやった。「日本はまだドルを買う気だ」ということで、アメリカ政府（ジョン・スノー財務長官）がかえって不愉快そうにしている。こういう話は、私はこれまで自分の他の本で書いてきたので、「為替」の話はもうこれ以上はこの本ではしない。

このように、アメリカに騙されて、脅されて、日本は、金利をゼロにされた。それで、日本国民の金融資産を凍結状態にされている。あまりに低金利なものだから、国内の投資、

運用先を失った資金が、アメリカの国債買いに向かわなければならないように、日米の政府の合意のもとで仕向けられている。米国債を買えば、一番代表的なもので、「10年物の米財務省証券（TB《ティービー》、トレジャリー・ビルという）」で年率4・2%の金利がつく。「日本は、これぐらいの金利で我慢すればいいのだ」というのがアメリカの考えである。「あり余っている日本の資金は、アメリカが使ってやるから、こちらに寄越しなさい」と吸いあげていく。私の計算では、すでに、合計で400兆円（3・6兆ドル／1ドル110円で換算、以下同様）もの日本のお金が、アメリカに流れ出している。これは言い方を変えれば、アメリカへの貸付金（対外債権）である。そして、日本国内には、総計であと一切合財で600兆円ぐらいの資金しか残っていない。

片や日本は現在800兆円の累積の財政赤字を抱えている。それで政府の首が回らなくなっている。県や市の財政も「赤字県債・市債」で財政逼迫《ひっぱく》して苦しんでいる。

それなのに、アメリカに400兆円も貸し出している。どうしてこの400兆円を取り戻して、日本国内の借金の穴埋めにしないのか。ここに、日米関係における、一番簡単で大きな真実が横たわっている。私は、こういうことを日本国内のどの言論人、学者たちよりも早く、今から6年前に『日本の危機の本質』（講談社刊、1998年6月）で書き始めた。

日本政府も、金持ち老人たちの金融資産を狙っている

日本の花形新聞記者や、有名政治評論家たちは、アメリカの〝手先〟に成り下がって、「とにかく何が何でも日米同盟堅持、日米関係最優先」である。日本はアメリカにしっかり着いていないと、国の安全が危《あや》うくなる、の一点張りだ。小泉純一郎首相は、ジョージ・W・ブッシュ大統領の「忠犬ポチ公」をやっている。これを日本国民の6割以上が支持している。

同じくアメリカの忠犬ポチをやっている、イギリスのトニー・ブレア首相は、文字通り〝Bush's poodle〟（ブッシュズ・プードル、ブッシュの愛玩犬）と公然と呼ばれて、今にも、心臓発作で倒れそうである。本当にもうじき彼は倒れるだろう。あまりにもアメリカの言いなりになって、ヨーロッパ域内でのイギリスの評判を落としている。

昨年の夏、トニー・ブレアが日本に来て、箱根の芦ノ湖のほとりの西武資本の豪華な和風旅館で、実際に倒れそうになった。記者会見の席で、ブレアは各国記者たちからの激し

い質問に窮して発作を起こしそうになったのである。それを小泉首相がかばって、助け起こして、記者会見を打ち切った。

小泉首相の方が、イギリスの首相よりも恵まれている。しかしあの小泉首相のさらにガリガリにやせ細って、うつろな表情になっている姿を見るにつけ、「属国の指導者というのもなかなか大変だなあ。いろいろと無理難題をアメリカから押し付けられるのだろうなあ」と私は同情する。いくら日本国内の政敵たちを次々に打ち倒してきた、といっても、それはアメリカ様の後ろ盾《だて》があるからであって、それがなくなれば小泉政権など長くはない。

だから、私は、私の本の読者になって下さる、真に賢明な日本人である皆さんに、申し上げる。日本政府（財務省）は、今、日本の金持ち老人たちの金融資産を狙っている。警戒してほしい。政府の財政赤字がものすごいから、それを穴埋めしようとして、「タンス預金」をあぶり出し、預貯金の口座名義人の「名寄せ」を厳しくやって、それで、金持ち老人たち３００万人ほどが、ひとりずつどれぐらいの資金を持っているか、国は正確に把握しようとしている。

今こそ、納税者の反乱を起こすべきだ

それで、やがて日本に襲いくるアメリカ発の金融恐慌、あるいは、ハイパー・インフレの緊急事態を捉《とら》えて「預金封鎖」（預金封鎖とは、①強制預金と、②引き出し制限と、③新札への強制切り替えの三点セットのことである）が断行されるだろう。この「預金封鎖」という緊急の金融統制令については、拙本『預金封鎖』（祥伝社刊、２００３年９月）で詳しく書いた。

だから、私は、資産家の皆さんに言いたい。今の小泉政権とその配下である財務省＝国税庁＝税務署は、アメリカにものすごい量の国富（国民の金融資産）を奪われているのに、「それを返してください。自分が抱えている借金の穴埋めにします」と言えない。アメリカににらまれると怖いからである。

それで、この日本のお奉行様たち（財務省官僚、総務省官僚も）は、日本国民のお金持ちたちの資金を狙っている。だから私は、日本の資産家たちも、アメリカの資産家たちに倣《なら》って、「納税者の反乱」を起こすべきだと思う。

政府と官僚たちは、「親（政府）がお金に困っている時は、子（国民）が助けるのは当然だ」という理屈で、いよいよ今から裕福な国民の資産を狙ってくる。それに対して、資産家たちは言い返せばいい。「まず、アメリカに必要もないのに、貸しているその巨額の資金を、日本に取り戻して、それで財政赤字を減らすべきだ。どうしてそういうことも出来ないで、国民の懐《ふところ》ばかりを狙おうとするのか」と抗議すべきなのである。こう言われたら、日本の財政官僚（貢ぎ取り）たちは、何も言い返せないだろう。

アメリカは、日本を、計画的に、①低金利（ゼロ金利）にして、資金がアメリカに流れ出すようにしている。②為替を円高にもっていって、日本の輸出産業を締め上げる。それから、③日本の財政赤字を、膨大なものにさせる。だいたい年間40兆円も赤字国債を発行させて、無駄遣いをさせて、日本の金融資産が激減するのを狙っている。

アメリカの赤字国債を引き受けさせるために、日銀がさらにお札を刷り続けなければいけないように仕組む。この①金利、②為替、③財政赤字（＝お札、国債の過剰発行）の三本柱で、アメリカは日本を「金融敗戦」（マネー・ウォー money war での完敗）させたのである。

実感として、アメリカの景気はまだまだ悪くはない

さて、私は先週までアメリカにいたが、アメリカの景気は、まだまだ、良いことを肌で感じた。大統領選挙の民主党の候補者の指名争いが各州ごとに「予備選挙」（primary プライマリーと呼ばれる）が行われたのだが、予備選挙のキャンペーンに連れてどこの州を回っても、住宅街の家並みは比較的綺麗で落ち着いていた。各州の大都市部のビジネス街もそれなりの活気があった。だから、アメリカは表面上は、「まだまだ景気が良い」のである。ニューヨークの証券取引所の株価（ダウ工業30種平均株価）は、1万５００ドルぐらいで安定している。債券市場（アメリカの国債市場が中心）も堅調である。そして、土地の値段もまだ全般的には下がり始めていない。

アメリカでは、土地と住宅（上物《うわもの》）は一緒に一体として考えるので、土地の値段はそのまま住宅の価格である。この住宅価格にまだ激しい下落が見えない。アメリカでは、景気が悪くなりそうになると、敏感に流れを読む、気の早い人たちから先に、我も我もと、自分の家を売りに出す。

典型的な住宅街の、あちこちで、〝for sale《フォー・セイル》〟即ち、「売り出し物件」の立て札が、入り口の脇の芝生の上に立つようになる。「リアルター」（Realtor）と呼ばれる不動産業者（業者組合に加盟している人たち）がそれぞれ媒介契約を結んで、この売り買いの斡旋をする。

この「フォー・セイル」の立て札がどこの州でもまだ目立たなかった。景気が悪くなりそうだと、一斉にアメリカ人は、まず自分の家を売りに出す。そして、さっさと現金に換えて、いつでもどこへでも移動できるように準備する。今から10年前に比べて大きく値上がりした（それでも、ちょうど10年前の倍ぐらいである）自己資産である自分の家を、人よりも早くさっさと売りに出して、「流動性の高い資金」、すなわち現金に換えてしまう。

10年前の1994年だったら一戸建てで、50万ドル（6000万円）だったものが、現在では、100万ドル（1億2000万円）ぐらいになっている。それを早めに売って、「住宅ローン部分」を返して残りの「含み益」（capital gainキャピタル・ゲイン）の部分を手にする。自分の住宅こそは平均的アメリカ人にとっても最大の自己資産である。

この早めの売却は、株式業界（投資の世界）で言うところの、いわゆる「利益の確定」である。「益だし」である。「含み益の実現」である。土地・住宅価格が下落を始めたら、それこそものすごいことがアメリカに起きるだろう。このメカニズムについては、私は前作『預金封鎖』で書いたので、ここでは再説しない。だから、アメリカは、まだまだ景気が良いように、表面上は見えた。……しかし、この景気は、たぶん来年2005年の後半まではもたないだろう。

民主党の候補がケリーでは、ブッシュに勝つことはできない

おそらくブッシュ大統領が今年の11月2日（火）に「計画通りに」再選されるだろう。それで翌2005年の1月20日に就任式《イノギュレーション》があって大統領としての第2期目（さらに次の4年間）が始まる。よっぽどの番狂わせがない限りこのまま、現職《インカンベント》（incumbent）のジョージ・W・ブッシュが再選される。

私は、このことを今度のアメリカ現地調査で自分の目と耳で確認してきた。たくさんの人と話してこのことが分かった。私は、ブッシュ本人というよりも、彼を大統領に祭り上げている特殊な人々や勢力のことを研究対象にしてずっと調査してきた人間である。だから、今度の大統領選挙が巧妙に仕組まれていることを知っている。現実の政治とはどこの国でもそういうものである。

民主党の候補者は、ジョン・ケリー上院議員（マサチューセッツ州選出）にほとんど絞られてきた。が、このあと11月まで何があるか分からない。政治は一寸先は闇である。このケリーには、実は多くの弱点があって、彼が「1968年のベトナム戦争の英雄だ」というのは作られた話である。実は嘘なのである。

ジョン・ケリーはベトナム戦争時代に、メコンデルタを走る高速の哨戒艇の隊長（将校待遇）をしていたのは事実だが、本当の戦闘に加わった経験はない。だから、名誉の負傷勲章（メダル）を3個ももらっているが、それは激しい戦闘場面が終わってから現場にかけつけて、ちょっとした撃ち合いをしたという程度である。彼が、当時の自分の部下たちの命を救った、というのは作り話である。この事実を、対立するブッシュ陣営の方はすでにつかんでいる。

だから、それを本選挙である11月2日までにスキャンダルとして小出しに出して、それでブッシュが勝つ、というシナリオである。それ以外にケリーの豪華な家柄や、ユダヤ系の家系だということなども明らかになったので、とてもではないが、ケリーではブッシュを倒すことは出来ない。

アメリカが日本を管理・監督する仕組みが存在している

すべては初めから出来上がっている「出来レース」なのである。つまり八百長《やおちょう》である。世界帝国であるアメリカでも一般国民は、「パンとサーカス」(bread and circus ブレッド・アンド・サーカス)でいいように餌を与えられてお祭り騒ぎにして、それでお仕舞いにされる。本物のデモクラシーを希求する、賢い層のアメリカ国民の誠実な政治参加の情熱を、うまい具合に権力者どもが操《あやつ》って自分たちの思うように動かす。そういう特殊な人々がアメリカにもいるのである。

日本には、その子分たちが来ていて、「日本研究学者」Japan experts(ジャパン・エキスパート)とか Japan hands(ジャパン・ハンド)とか呼ばれる人たちである。奥さんが日本人だったりする。私は、そういう「日本あやつり管理・対策班」のような人たちを、「ジャパン・ハンドラーズ」(Japan handlers)と呼んで、自分のアメリカ政治研究の重要な柱にしてきた。即ち、ジャパンをハンドル(動かす)人たち、ということである。

日本の「政・官・財」の指導者たちは、彼らからの激しい監視の下に置かれている。だから、私たち一般国民に本当のことが言えない。この構造（仕組み）が、真実の日米関係である。だから、日本は、こんなに追い詰められているのである。従って、私たちの日本国もまた、そういうアメリカの特殊な「雲の上」（above the law　アバーブ・ザ・ラー）自分たちだけは法律の枠の外で自由に行動できる）である人々によって支配、管理されている国であるから今更《いまさら》、何をかいわんや、であるが。

NATO最高司令官だったクラークが選挙戦から降りた本当の理由

たとえば、ビル・クリントン前大統領がいる。彼は、自分の奥さんのヒラリー・ロッダム・クリントン　現　民主党上院議員（ニューヨーク州選出）を、４年後に民主党の大統領候補者にしたい。そして、２００８年の大統領選挙で、ヒラリーを勝たせて政権を民主党の方に奪い返して、そして夫婦そろってホワイトハウスに返り咲きたいのである。

だから、クリントンは、今回の大統領選挙選（民主党の候補者の指名競争）では、ウェズリー・クラークという高級軍人あがりを押し立てて、と言うか、背後からけしかけた。クラークは、以前、ヨーロッパ派遣のアメリカ軍の最高司令官（NATO《ネイトー》軍の最高司令官。

敗戦後の日本占領の最高責任者であったダグラス・マッカーサー将軍と同格）にあった人だ。

どうせこのクラークでは勝ち目はないのは重々分かっているのに、クリントンが民主党内をひっかき回すために彼を立候補させて利用した。クラーク夫妻は2月半ばに選挙戦から降りて、やれやれという表情をしていた。「これで、以前からの予定通り、夫婦で世界旅行の船旅に行ける」と、自分たちがクリントン夫妻に騙《だま》されて担ぎ出されて、ひどい目にあったという正直な表情をした。政治の世界というのはどこの国でも、このように背後に隠された物語がある。ビル・クリントンというのは、こういう意味で大変なワル（悪者）である。

本来、米民主党というのは、社会主義者の政党であって、労働者や貧しい者や移民たちの政党である。だから民主党は反戦平和の大政党なのである。「なるべく早くイラク戦争をやめて、米兵たちをアメリカ本国に戻すこと」をアメリカ国民の願いとする政党なのである。だから、今度の大統領選挙の最大の争点は、本当は、雇用（の不安）問題＝景気対策や、通商問題（トレイド・イッシュー）であるよりも、ずばり「イラク戦争を早期に終わらせること」であったのだ。誰もこのように書かないが、そうに決まっているのである。

そしてこの希望は、無残にも潰《つい》えた。アメリカ国民は、貧しい層を含めて、「ブッシュは嫌いだが、あいつが、戦争を仕掛けて、それでアメリカ国内の景気を維持してくれるのであれば、それでやむをえない。ひどい目にあう外国のことなど自分たちの知ったことではない」というのが、今のアメリカ国民の本音《ほんね》である。「自分の職さえ安心なら、ブッシュでもいい」ということである。

今後もネオコンによる日本支配が続く

だから、挙句に米民主党はジョン・ケリーというかなり裏のある弱小の候補者で一本化されてしまった。これではブッシュに勝てないことははっきりしている。だからよっぽどのどんでん返しがない限り、このままズルズルと11月までいって、来年もブッシュ共和党政権が続くのである。そうすると、その忠犬（ポチ）である小泉政権も安泰である。

今のブッシュは強硬な戦争でも何でもやって、アメリカ国内の景気を維持する。この凶暴な世界管理戦略の青写真を作って実行に移しているのが、「ネオコン派」（Neo-conservatives ネオコンサーヴァティヴズ）と呼ばれるユダヤ系の左翼くずれの知識人の一団である。彼らが主導する手荒な政治（属国群への強圧的な管理）が、このあともしばらくは続く。

この「ネオコン」という連中とは何者かを、一番分かりやすく本当のことをあからさまに言えば、ロックフェラー財閥のユダヤ大商人たちに育てられて、背後から動かされているアメリカの政治知識人の集団ということである。

彼らの本質は、アシュケナージュ系のユダヤ人ではなくて、スファラディ系のユダヤ人である。アシュケナージュ系は、ヨーロッパのユダヤ人たちで、それの連合体がヨーロッパ各国のロスチャイルド商業貴族連合である。それに対抗して、石油と共に興ったアメリカのロックフェラー財閥が、スファラディ系のユダヤ人である。だから世界は、大きくはこの2大勢力間の闘いである。このことと、宗教戦争《レリジャス・ウォー》としての、アラブ＝イスラム諸国連合と、ユダヤ＝キリスト教連合の闘いという構図はまた別物である。こっちの方の、宗教戦争は、『文明間の衝突』（サミュエル・ハンチントン、ハーヴァード大学教授の本のタイトル。この人自身も、ロックフェラーの子分）と呼ばれる大きな図式である。アメリカ国内では、スファラディ・ジューと、カトリック教徒（ローマ教会）とが、また争っている。プロテスタント系の一番まっとうなキリスト教の信者たちの内部も複雑に割れている。

もしこれらのことを、大きくずばりと分かりたかったら、私の主著である『世界覇権国アメリカを動かす政治家と知識人たち』（講談社プラスアルファ文庫刊、１９９９年３月）をお読み下さい。

小泉首相の言う「抵抗勢力」とは、「反米勢力」のことである

日本の現在の政治（政界の動き）は、極めて簡単に断定することが出来る。

それは、ブッシュの忠実な子分（忠犬ポチ）をやり続けることで、日本国民の安全を保障し、平和に生きていけることを保障していると信じて疑わない A の小泉首相＝青木幹雄＝森喜朗（それと、福田康夫官房長官、安倍晋三自民党幹事長）の親米（アメリカべったり）勢力がひとつ。

それに対抗して、「抵抗勢力」の意地にかけて、「反小泉」即ち、反アメリカの立場を取り続ける B の古賀誠＝野中広務＝亀井静香（これに加藤紘一、石原慎太郎までが加わるだろう）の「反米勢力」とのがっぷり四つである。だから「抵抗勢力」とは、本当は「アメリカに対する抵抗勢力」である。

このＡ対Ｂの闘いである。死闘である。これが今の日本の政界である。簡単に言えば、そういうことである。国内にだけ限定すれば、さらにブッシュの意向を受ける小泉首相さえも問題ではなくて、青木幹雄《あおきみきお》と、野中広務《のなかひろむ》の二大親分の死闘である。どちらも竹下登《たけしたのぼる》の後継者を自認した者どうしである（竹下登は、豊臣秀吉のような狡猾な人物で、彼が、田中角栄を、アメリカの指図と応援で、１９８５年2月に刺し殺したあと長く日本国王であった）。権力闘争というのは、いつの時代も、こうやって続いていく。

野中広務も議員はやめたが簡単には負けない。たとえば、ローマのバチカン（ローマ法王）のカトリック教会（ここは、世界中に10億人の信者を持つ下層白人《かそうはくじん》たちの総本山。アイリッシュ、ポーランド人、イタリア系、南米白人たち）の支持を受けているからアメリカも野中広務を簡単に打ち倒すことは出来ない。

そして、アメリカでブッシュ政権が続く限り、日本では、Ａの小泉純一郎の言うことをよく聞く人たちの勝ちである。このあともしばらくはこの状態が続く。ブッシュ政権が続く限り、ブッシュの個人的な信任の厚い小泉の勝ちである。それだけのことだ。たったこれだけの構図で政治の世界は動いていく。

これは、「帝国（アメリカ）対　属国（日本）」という理論に従うならば、すぐに導き出される大きな理解である。私は、これで十分であると思う。

民主党への日本の政権交代はすでに決定されている

そして、数年後には日本に、民主党の政権が出来るだろう。それまで一方の実力者の小沢一郎の命がもつかどうか分からないが、それでもアメリカは、自民党をそろそろ見捨てて、日本に民主党の政権を作らせようとしている。この意思は今やはっきりしている。

そのために、すでに若い日本民主党の政治家（衆議院議員）たちを密かに手塩にかけて育てて、アメリカの言うことを聞くように手なずけている。だから、私は、やがて日本に出来る民主党政権にも期待しない。日本がアメリカの属国であり、いいように民族指導者（国民政治家）たちが順番に操《あやつ》られるのだということを覚悟していなければならない。だから私には「政権交替」に対する一切の幻想がない。すべては、大きく企画され仕組まれているのである。

自民党が棄てられて（日本国民から？　それともアメリカから？）、日本にやがて民主党の政権が出来る時には、今の菅直人《かんなおと》党首の政権ではないだろう。もっと若い、おそらく松下政経塾出身の、丁寧にアメリカによって飼育された若手の政治家たちだろう。そういうボンクラの若手たちが、日本の次の政治を背負っていくのである。私はひとりでゾッとしている。

なぜ、日本に民主党政権ができるのか。それは、すべて、現在の真の世界皇帝であり、NYの金融財界の総帥であるデイヴィッド・ロックフェラー（89歳 David Rockfeller）の死期が迫っていることに規定される。

デイヴィッド・ロックフェラーから見たら、ブッシュ大統領などは、直接話すことも出来ないぐらいの雛《ひよこ》である。デイヴィッド・ロックフェラーと直接、話が出来るのは自分の直接の臣下、子分であるチェイニー副大統領やポール・ボルカー前FRB議長（前米欧日三極会議《トライラテラル・コミッション》議長でもある）のような70歳代の人たちである。この世界皇帝デイヴィッド・ロックフェラーが亡くなったら、おそらく、ジェイ・ロックフェラー（Jay Rockfeller）がその跡を継ぐだろう。

現在、66歳で、ウエスト・ヴァージニア州の民主党上院議員である、ジェイ・ロックフェラーが、自分の叔父であるデイヴィッドの跡を継いで、次の世界皇帝の地位に就くだろう。そのとき彼は、上院議員を辞めるし、今、その準備をしている。そのことも私はアメリカで確認してきた。

ジェイ・ロックフェラーの正式な名前は、ジョン・デイビッドソン・ロックフェラー4世であり、ロックフェラー家の正統の承継者である。

このジェイ・ロックフェラーが、日本の小沢一郎《おざわいちろう》と大変、仲がいい。だから、ジェイが自分の叔父の跡を継いで、ニューヨークの金融財界の支配者となる時に、日本で小沢政権が実現されるだろう。ただし小沢一郎の体がその時までもつか分からない。その時に、榊原英輔《さかきばらえいすけ》元財務官（旧大蔵省の事務方の副大臣だった。〝ミスター円〟という仕組まれた芝居を演じた人物。ラリー・サマーズ財務長官の忠実な日本の手先。現慶応大学教授）が財務大臣になることがすでに公然と決まっているのである。

実に、憂鬱《ゆううつ》な話である。日本の近未来は、このようにがんじがらめに決定されているのである。私のこの政治予測は多分はずれないだろう。私は、ここまではっきりと書くのである。私の日本の言論人としてのこの明確な態度の取り方以上の明確な態度は他にはないだろう。

アメリカにとって戦争とは公共事業だ

アメリカは、「戦争経済《ウォー・エコノミー》」でこれからも生き延びていく。アメリカは誰もが認めるごとく、世界帝国すなわち世界覇権国、(the hegemonic state ジ・ヘジェモニック・ステイト)である。アメリカは、世界のあちこちに意図的に戦争の火をつけて、大破壊をやって回る。そうすることで、アメリカ国内の景気を維持する国である。ゲリラやテロリストが戦争を始めるのではない。正義の御旗《みはた》を掲げるアメリカ自身が戦争を好むのである。

戦争をやらなければ一国の経済(景気)がもたないのである。これが保守的な企業経営者たちの目から見た場合の本当の実感であり、大人の思想というものである。戦争という国際的な大破壊(大きな無駄。蕩尽《とうじん》)をやることで、それで軍事産業(国防産業)に活力を与え、その他の産業に景気を波及させる。

アメリカ空軍の戦略爆撃(ストラテジック・ボミング、大空襲)で破壊されて焼け野原になったイラクなどの国で、新たに石油や天然ガスのパイプラインを建設し、破壊されたダムや橋や発電所や幹線道路を再建する大工事の需要《デマンド》が生まれる。世界中から建設会社が、その仕事を請け負い・入札に来て、仕事を分け合う。それで世界経済に刺激を与える。

この「戦争（による刺激）経済」（war economy ウォー・エコノミー）でアメリカは、自分の巨体を維持して来たのである。第三章で説明する経済循環の「コンドラチェフの波」ですでに、大きく景気は下降曲線に入っているのだから、それを無理矢理、人為的に上向かせるのは無理な話なのだ。それなのにあえて、それをやろうとする。

だから戦争という「公共事業」（土建屋政治）をアメリカは目下、人工的にやっているのだ。ただし、この公共事業（public work パブリック・ワーク）は、世界規模での大公共事業なのである。皮肉なことに、この種の戦争のことを国際平和維持活動 ＰＫＯ《ピーケイオー》ともいう。属国群は、帝国に命令されると、この軍役に付かなければならない。だから日本の自衛隊もイラク派遣された。

これは、本当は、公共〝破壊〟事業（public destruction work パブリック・デストラクション・ワーク）なのである。しかしそう言っては、身も蓋《ふた》もないので、英語では、パブリック・リモウデル・ワーク（public remodel work）としか言わない。

ケインズ主義とは、国家を経営するためのビジネス・モデルだ

経済学では、これを「軍事ケインズ主義」militaristic Keynesianism「ミリタリスティック・ケインジアニズム（本当は、キーンジアニズムと発声する）」と呼ぶ。ケインズ主義というのは、今の世界中の各国が自分の「国家を経営する」ためのマクロ経済学の大理論であって、ビジネス・モデルのようなものである。各国の経済・財政官僚の秀才たちは今でもケインズ経済学の処方箋（プレスクリプション）どおりに国を運営している。

このケインズ経済学とは、「国が積極財政（赤字覚悟の財政資金投入＝赤字国債増発と、大盤振る舞い）で公共事業（土建屋政治）をやることで、景気を刺激して、景気を維持する政策」のことである。今度のイラク戦争などは、それの世界規模での拡大ヴァージョンであって、だから「軍事（に応用された）ケインズ主義」なのである。

今のアメリカは、第五章で説明するが、大きな意味ではすでに下降曲線に入った世界帝国（the world empire　ザ・ワールド・エムパイア）である。だから、そういうことを平

気でやるのである。とても他の弱小の国々（即ちアメリカの属国群。日本はその典型）では思いつくことも出来ないような大きなスケールの発想である。

帝国は、帝国であるがゆえの悲しみも引き受けなければならない

このことを、裏側から言えば、アメリカが「帝国（であること）の悲しみ」に覆《おお》われているということである。他の国と戦争をすれば、その国の国民の憎しみを買うから、それで、アメリカ本国内（本土、main land メインランド）にテロ攻撃を仕掛けられる。それで今アメリカ国内にいる人は誰もが、飛行機に乗るたびに国内線であっても、ズボンのバンドをはずし、靴まで脱がされて、感知器がビービー鳴れば身体検査までされるという屈辱を味わっている。私もこれを何回もやられた。

アメリカは、帝国であるがゆえに、様々の悲哀と悲しみと馬鹿らしさ、も引き受けなければならない。

まさしくこの『帝国の諸悲しみ』というのは、アメリカの日本研究（Japan studies ジャパン・スタディーズ）の大家（大御所、泰斗《たいと》）である、チャルマーズ・ジョンソン博士

(Dr. Chalmers Johnson カリフォルニア大学名誉教授)の2004年2月の最新刊著作のタイトルである。

その書名は、"The Sorrows of Empire, Metropolitan Books, 2004"(ザ・ソロウズ・オブ・エムパイア)文字通り『帝国(であること)の諸悲しみ』である。私は、この3月4日に、カリフォルニア州のロスアンジェルス郊外のサンジエゴの町のジョンソン博士のお宅を訪問して、親しく博士と話し込んできた。

博士は、私、副島隆彦の「日本における言論業界での悪名のこと」をよく知っておられて、「今のアメリカ政府のやり方を厳しく批判する副島さんの考えの方が正しい」と私を支持して下さった。「どうして小泉首相は、あんなにブッシュ政権の戦争政策までも強く支持するのか。日本はどうしてこんなにまで、アメリカに対して卑屈なのか。私には理解できない」とジョンソン博士は何度も繰り返された。

それに対して、私は、説明した。日本の政治家、官僚、愛国派の財界人たち日本の国家指導者たちが、アメリカの東アジア管理戦略の中で、厳しく抑えつけられて、脅されて、脅迫されているからです。アメリカに逆らうと、日本の指導者たちは失脚させられるからです、と私は私なりに懸命に説明した。博士はこんなことは重々知っている。

なぜなら、1990年に、日本人が、「バブル経済」(bubble economy バブル・エコノミー)で「金満病」で、浮かれ騒いでいた、その頂点の年に、ジョンソン博士自身が、首都（世界帝国の首都でもある）ワシントンDCに呼ばれて、アメリカの日本研究学者の最高峰として、国務省の高官たちに政策提言しているからである。それが、『CIA 2000年レポート』と呼ばれる国務省文書である。後に一冊の本にもなった。

このアメリカの国務省（CIAは、その一部）の対日戦略で、日本国の経済的繁栄はその後、計画的にものの見事に打ち倒されて、そして今の惨《みじ》めな日本の、14年も続く大不況がある。日本は策略でこれほどに追い詰められたのである。こういうことも今や極めて明らかなことである、と言っても誰も反論できない。ただ無視するだけだ。

チャルマーズ・ジョンソン博士は、極めて残念そうに、自分が、アメリカの日本研究の最高峰として、まんまとグローバリストたちに騙されて、自分の日本研究成果が、アメリカ政府（クリントン政権）の「日本叩きつぶし計画」に利用されて、「日米の金融戦争(money war マネー・ウォー)での日本の完敗」につながったことを、残念そうにされていた。

私は、日本国内の、アメリカの手先たちのことも、それとなく博士に伝えてきた。

「先生。先生の一番近くにいる、親友の日本人学者たちが一番、先生の業績を憎んでいるのではないですか。先生の偉大なお仕事が、普通の日本国民にまで伝わらないように、それを封じ込め、押さえ付ける仕事をしている人たちが、先生のまわりにいるのです。私には、日本国内での彼らの動きが手に取るようによく分かります。お気をつけ下さい」

私は、「イギリスの探偵小説《ミステリー》の基本骨格は、〝真犯人はいつも何食わぬ顔をして、自分のすぐそばにいる〟ということでしょう」と博士に伝えた。

日本の公共事業の建設現場作業員と、イラクにいる米兵たちは同じだ

一方で、人類は、これからも戦争＝世界公共破壊事業をやり続けるしかない、と現実派の世界中の指導者たちは実にそう考えている。多くの人が血だらけになって死んでいく。実に無残なものではあるが、それが現実の世界である。と言えば、そういうことである。人間が、牛や豚や鳥を飼育して食糧としてたくさん殺して食べてきたことの報いであろう。人間の場合は、人間たちどうしで殺しあわなければ済まない。これを人間の業《ごう》と言い、英語（ヨーロッパ語）では、「ナチュラル・ラー」(natural law　自然の掟、自然のルール、

自然法）と言う。

「戦争をやって大破壊をやらなければ、新しい需要が生まれない。需要（国民の購買意欲）が生まれなければ、景気は良くならない」というのも、確かに真実である。

そして、その「有効需要の創造《ゆうこうじゅようのそうぞう》」（ケインズ経済学が、神様のように崇《あが》める理論）を、戦争でやるしかない、と冷酷に世の中を見据える人間たちは考える。たしかにその通りであろう。世界のある地域で、戦争という動乱があって、その国の国民の血が流れ、数百人の米兵たちの血が流れなければ、世界経済は維持できないだろう。

どうせ、憎しみに駆られた現地人たちが爆弾を体に巻きつけて自爆攻撃を仕掛けてくる。米兵もすでに600人が死んだ、と言ってみても、その米兵たちのほとんどは、黒人兵であり、あるいは、南米出身《ヒスパニック》の「ゴンザレス」とか「サンチェス」とかいう名前の、顔の浅黒い兵士たちだ。いわゆる白人の立派そうな裕福な人たちは、戦争犠牲者にはならない。そういうことは自明のことであり、人類史の真実である。奇麗事《きれいごと》を言うな、ということだ。

日本の公共事業の建設現場の作業員たちと、あのイラクにいる米兵たちのやっていることはまったく同じである。一方は、建設現場でブルドーザーやユンボを操っているが、一方は、くたびれたような顔をして、最新鋭の大型戦車や装甲車に乗っているだけのことだ。

イラクのサマワに派遣（派兵）された日本の自衛隊の1個大隊《バタリオン》800人もまた、この土木作業を毎日やっているだけだ。

周りから襲いかかってくるかもしれないインディアンたちに対して、自分たち自身を防護するために、まさしく「インディアン砦《とりで》」（Indian fort）そのものの、砦《とりで》を目下、建設中なのである。ヤッホッホーと襲いかかってくるかもしれない現地のインディアンたちを、もしかしたら同じく東アジアのインディアンの一種族かもしれない日本軍人たちが、「戦闘行為ではなくて、正当防衛の理論で撃ち殺す」という複雑に歪《ゆが》んだ話になっている。

これをPKO《ピーケイオウ》（国際平和維持活動）と言って、本当のことを言えば、属国群が、国際軍事人足《にんそく》活動への、帝国からの出動命令（徴用）に応じて、いやいやながら自分の国の軍隊を出さなければ済まない、ということなのだ。それだけのことではないか。

日本はブッシュにしっぽを振っていれば、ご褒美がもらえる

どうして、このような明瞭簡潔に、日本の言論人、新聞記者は誰も書けないのか。日本にいるのも腰抜けの属国知識人どもの群れである。日本は、ブッシュに忠実なポチをやる

ことで、きっと大きな「おこぼれ」に預かることができるだろう。石油や天然ガスの鉱区も日本に気前よくくれるだろう。

「よし、よし、皇帝の言うことをよく聞く王様たちには、それなりのご褒美《ほうび》を与えよう」ということであろう。おそらく、今の自衛隊のイラク派遣は、１９１８年（大正７年）の８月からのシベリア出兵（ウラジオストック占領、駐留。ロシア革命への干渉戦争。連合国側の懲罰出動）と同じものだろう。

あるいは、１９１４年（大正３年）８月の、「第一次大戦への日本の（火事場泥棒《かじばどろぼう》的な）参戦宣言」と同じであろう。この時、日本軍は、ドイツの植民地だった中国のチンタオ（青島）を爆撃して占領したり、今のパラオや、グアム、サイパンのような南洋諸島を軍事占領した。そして第一次大戦の終結のためのベルサイユ条約で、これらの島々を、まんまと頂戴している。まさに国際的な火事場泥棒である。そして、それから40年後には、そのグアム、サイパンで、多くの日本将兵が、米軍の上陸作戦を受けてほとんど全滅して、いわゆる「玉砕《ぎょくさい》」をした。因果は巡るのである。

だから、威勢のいいことを言って、「日本の自衛隊の国際貢献による国威発揚」などと、愛国者、民族主義者ぶって、偉そうなことをテレビで言っている言論人どもは、みんな脳タリンの、アメリカの手先（忠犬ポチ公）である。その自覚があの人たちにあるのだろう。日本のテレビ局や大新聞は、すべて、アメリカの日本管理対策班に、きびしく統制され、長年、飼育（人材育成。若手幹部たちが、アメリカの大学や研究所に入れてもらったりとかで）されているから、私のような人間は、よっぽどのことがなければ、テレビには出演させないのである。

出演したら、私のことだから自分の言いたいことを言うだろう。いまさら、アメリカのCIA（国務省の一部）に殺されることなど、恐れても仕方がない。人間は、どうせ死ぬのである。死ぬことを恐れては何も出来ない。

日本人のまごころと美しさは、まだまだ残っている

私は、びくびくしながら自分の財産を握り締めて、おろおろしているタイプの資産家は、大嫌いである。自分のお金を、本当に役に立てたかったら、すこしでも自分と血のつながりのある遠縁の貧しい若者に投資せよ、と前著で私は書いた。

そうしたら、全国の金持ち老人たちの中から、本当に、それを実行する人たちがたくさ

ん出てきたのである。私が地方に講演旅行に行った時に、講演終了後に、聴衆の中の老年紳士が寄ってきて、「先生の書いているとおりだ。私も、若い人間に黙ってお金をあげました」と言う人が、何人も出てきた。

彼らは、自分の資産の使い道が分からなかったのである。幕末、明治はじめの全国各地の豪商、豪農（素封家《そほうか》と言う）たちは、自分たちでお金を出し合って尋常《じんじょう》小学校の建物を作って寄贈した。それから、優秀だが貧しい、地元の若者たちが何とか、東京の学校に行けるように奨学金制度を作った。あの頃の熱意にいまこそ、日本の資産家たちが倣《なら》えばいいのである。ただし、税金逃れのための財団法人づくりや隠れ蓑のための「育英・奨学金制度」では駄目である。財団法人の認可をもらうために官僚、役人を介在させたら、こういうことは、必ず、腐る。ひどく腐る。だから直接、前途のある貧しい若者に、黙って金を渡すのがいいのである。

日本人のまごころと美しさは、まだまだ残っている。それを、この敗戦後の60年間に、支配国アメリカに巧妙に洗脳（brain wash ブレイン・ウォッシュ あるいは、mind control マインド・コントロール）されて、私たちの脳は、すっかり駄目にされたのだ。今こそ、もとの正常な状態に戻す時である。

第二章

日本はもはや経済大国ではない

2000年ITバブル崩壊以降、アメリカもすでに不況に見舞われている

話を戻そう。この本は、日本にやがてアメリカ発の大恐慌が襲《おそ》いくる、という本である。世界的な恐慌が日本にやって来るということは、「世界同時不況」というふうに言ってもよい。私は、単なる経済・金融問題における悲観論者《ペシミスト》ではない。日本はもっとひどくなる、と怯《おび》えながら言っているのではない。今の日本には大きな試練が来た方がいい、と考えているのだ。それでも、「日本経済は、やがて復活する」などと、何の根拠も客観条件もないくせに煽《あお》り立てる経済評論家や学者たちとは違う。私は、日本が置かれている状況はそんなに甘いものではない、と思っている。やはり、恐慌は起きるのである。それは、今後の数年間の金融経済の動きにかかってくる。

恐慌という言葉は英語に直すと、クラッシュ（crash）と言って「経済崩壊」のような意味合いの言葉である。デプレッション（depression）と呼ばれるものは、「大不況」である。不況の定義は、学問的には、4半期の経済成長率が3回連続でマイナスになること、である。これは、「景気後退」であって、リセッション（recession）と呼ばれるものであ

る。日本はすでにリセッションの段階に入って、長くそこから逃れ出せない。そして、それを「デフレ経済」とも呼んでいる。変な言葉である。デフレーションは、不況にきまっているのだ。

アメリカがデフレ入りしたのは、今から4年前の、2000年3月のITバブル崩壊の時である。IT（情報通信）革命とさんざん持て囃《はや》された挙句、一気にそのバブルはつぶされた。アメリカのビジネスマンたちの半数ぐらいは、あの時の株式暴落で抱えた損から立ち直れないでいる。以来、アメリカもすでにデフレ入り、すなわち不況に入っている。このことは冷厳なる事実である。

政府主導で景気が粉飾されている

そして、特に2001年からは日米両国政府の主導で、人為的かつ人工的な過熱経済政策（経済政策《エコノミック・ポリシー》のうちの金融政策《マネタリー・ポリシー》として）が行われてきた。すなわち、ものすごい量の通貨（信用貨幣《クレジット・マネー》）を市場に放出し、通貨供給量《マネー・サプライ》を激増させた。いわゆる「M2＋CD」とよばれるマネー・サプライは、現在、670兆円ぐらいである。これよりももっと「広義の通貨供給量」である「広義流動性」では、1380兆円にも及んでいる。毎月、日銀は、現在も平均で3兆円ぐらいを発行して市中に撒いている。年間で40兆円だ。そうやって手にいれた資金で、日銀は財務省（旧大蔵省）の命令を受けて、盛んに「円高阻止のための円売り・ドル買い（＝米国債買い）」をやっている。去年一年間だけで、20兆円の為替介入をして米国債を買った。今年の1、2月だけで10兆円も買った。

日本政府は、それと同時に公共事業（土建屋政治）の予算も厖大《ぼうだい》に組んだ。その財政資金をまかなうために、日本とアメリカの両政府は、今も国債を非常な勢いで発行している。これらをテコにして、2003年5月から2004年の前半である現在にかけては、景気はかなり上向いているように見える。そのように見せかけているのだ、と言った方が正しい。

だから、この間にアメリカのダウ工業30種平均株価（ニューヨーク株式）は、1万ドルを突破して、好景気を回復したように見える。現在、1万500ドル近辺である。日本の株価（東証株価）も1万1000円前後のところにとどまっており、投資家たちにそれなりの利益が出るような値動きを示している。

今の株高は「粉飾」である。3月末決算を控えた、日本の企業群（250万社といわれる）の決算時の「決算書類（財務諸表）」の資産総額の数字を「よい成績」にするために、政府主導で、〝ドレッシング〟（dressing 軽度の粉飾）を施すための株高の演出である。

世界経済の雲行きがおかしくなるのは2005年後半から

だから、3月決算期を越して、5、6月になったら、株価はもう一度、下落して、それからまたさらに再上昇する。こういう繰り返しである。「今の株高（景気回復）は、〝外人買い〟によるものだ」という言葉は、兜町、日本橋あたりだけでなく、各種の経済新聞でも公然と書かれている。この〝外人買い〟なるものの実態と裏側が問題なのである。

いわゆる「ヘッジファンド」と呼ばれる、獰猛《どうもう》な国際金融仕手筋《してすじ》が、2003年4月から大挙して日本の金融市場に押し寄せ、ブッシュ・小泉政権の暗黙の後押しを受けて、盛んに東京市場の株式を買い上げている。この話は、生々しいまでの裏話とともに、前著『預金封鎖』（祥伝社刊）で書いた。参照してください。

つまり、景気は回復しているように見えるし、そのように見せかけるのである。また、金融経済の専門家やエコノミスト、ストラテジストを名乗る有識者や業界人たちまでも動員して、日本の投資家（資産家層）をそのように盛んに煽り立てているのである。この策略に騙されてはいけない。今の景気回復の動きは、見せかけである。

だが、それでも2004年から2005年前半頃までは、株価や債券価格は、なかなか良い値動きをするだろう。強気の相場を張った方が得をする、ということはあるだろう。だが、来年2005年の後半ぐらいから、世界経済の雲行きはおかしくなっていくだろう。これはひとえに「恐慌」なるものが、これまで〝景気の波の理論〟によって研究され、論証されてきたからである。

景気循環の波動から、やがて世界同時不況が押し寄せてくることを証明する

この〝景気の波〟は、景気循環《けいきじゅんかん》（economic cycle エコノミック・サイクル）という言葉で言い表してもいい。景気の波という言葉で表わすと分かりやすいのだが、それよりも「景気の波動《はどう》」という言葉の方が経済学《エコノミックス》の学問的にはより正確であろう。「波」という言葉と、経済のサイクル（cycle）「循環」という言葉は、日本語と英語とでは、どうもズレがあるように感じられる。

しかし、仕方がない。両者はほとんど同じものだ。もっと分かりやすく言えば、好況と不況の繰り返しのことであり、それが人類の運命だ、ということである。景気の波の繰り返しこそは、人間社会と、それぞれの国の一国経済《ナショナル・エコノミー》にはどうしても「在る」し、避けられない運命であり、不可避の付き物だということだ。

人間の身体《からだ》の体調の変化と同じように、経済にも調子の良いときと悪いときの波（バイオリズム）があるのである。これは、肉感的な生理的なものとして理解されているものに等《ひと》しい。実は、「エコノミー」という言葉には、そもそも、「生理」という意味が含まれている。たとえば、「アニマル・エコノミー」（animal economy）という言葉がある。これを「動物の経済」と訳すと何のことだか分からない。これは、正しくは「動物の生理」と訳すのである。

だから、私はこの本で、これまで小数の優れた経済学者たちによって研究され唱えられてきた景気循環の波動の理論を簡潔に紹介し、解説する。この波動の理論によりながら、やはり、やがて恐慌（世界同時不況）が押し寄せてくるのである、ということをこの本で証明しようと思う。それがこの本が書かれた最大の動機である。この一点さえ証明できれば、私がこの本を書く努力は報われる。

浮かれ騒ぎに惑わされないことこそが、金融資産防衛の第一歩

これらは、本書第三～五章で詳しく論じるごとく、波動の理論には、①「コンドラチェフ・サイクル」（50～60年周期）、②「クズネッツ・サイクル」（20年周期）、③「ジュグラー・サイクル」（10年周期）、④「チキン・サイクル」（3～4年周期）、⑤「ヘジェモニー・サイクル」（100年周期）の五つの理論がある。

これらを「主要五波動」と呼ぶ。私は、これらの理論を使って景気の循環を説明することで、現在、無邪気にも、「やはり景気は回復し、日本の未来は明るい」などと言っているような人々に、日本の投資家たちが騙されるな、という警告を発したい。あの人たちは何の根拠と客観条件があってああいう扇動言論をするのか。

私は、新たな金融博打《ばくち》に走って、過去のおのれの株式投資での大損害や大失敗を取り戻そうとして、あがいているような人たちに、ただ単に冷や水を浴びせればいいなどとは思っていない。金融博打に走る人々は、その人の生来のもの、であり生まれた時からの資質であるから、どうぞご自由に、である。

五つの波動の性格づけ

④キチン・サイクル　3〜4年周期
在庫循環

③ジュグラー・サイクル（カール・マルクスの波）　10年周期
設備投資の波

②クズネッツ・サイクル　20年周期
建設循環、建設投資

①コンドラチェフ・サイクル　50〜60年周期
シュンペーター流では技術革新の波。物価・金利の波だともとらえる

⑤ヘジェモニー・サイクル　100年周期
政治・外交・軍事まで含めて考える世界覇権の移動の波

しかし、日頃、株式市場などとは無関係に生きているこの本の大半の読者たちは、自分の金融資産を防衛し、日常の経済生活をまっとうに生きることが大切であるから、「またやってきた、浮かれ騒ぎの時期」などに惑わされてはいけないのだ、と申し上げたい。

株で儲《もう》けるなら、今のうち、短期で、さっさと機敏に動いて、決して、調子に乗らないで、欲を掻《か》かないで、さっと買ってさっと売り逃げる、という用心深い手口に徹するべきであろう。私はこの本でこういうことを主張したいのである。

17ページに引用したごとく、アメリカで〝投資の神様〟として崇められているウォーレン・バフェット（バークシャー・ハザウェイ社主宰）が、「今こそ、売りの時期ではないか」というようなことを直近の「読者への手紙」で書いていることを想起してほしい。ウォーレン・バフェットは、私の分析では、ロックフェラー系にも、欧州ロスチャイルド系にも属さない、第三勢力とでも呼ぶべき、中立の人である。だからおかしなことをしない。「2000年3月のITバブルの崩壊」の時にもまったく痛手を受けていない。バフェットの実直な投資姿勢は、まことに尊敬に値する。日本にもこういう、悠然《ゆうぜん》たる構えをもつ投資指南の大御所がいてほしいものである。そして、日本の投資家たちに己《おのれ》の信念と真実だけを伝えて、結果的に日本国民の金融資産を守る、本当の愛国者となる大人物がいてほしい。

私の知る限りでは、今の日本の投資の専門家たちは、すべて品のない、目先の欲にからんだ小物ばかりで、実につまらない。

1999年から、日本はすでに恐慌に突入していた

不況という言葉は、リセッションという言葉と同義であると先に述べたが、これにデフレーション（deflation）という言葉を使っても同じことである。日本では、「デフレ不況」などというおかしな言葉をマスコミや学者が平気で使っている。不況は、デフレーション（通貨収縮、諸物価の下落）に決まっているのである。それは、インフレーション（inflation）ではない、ということだ。

インフレーションというのは、景気の拡大期であり好景気（加熱経済）のことである。私たち日本人がよく知っているとおり、今から13年前（バブル崩壊前）まではずっとインフレーション経済が当たり前であった。物価は上昇し、賃金もそれに遅れながら次第に上昇してきた。１９８０年代までの日本は高度成長経済のトレンドの中にあった。あらゆる

ものが過熱経済の中で、あたかも貨幣・紙幣にはたいした価値がないかのような、物価の激しい上昇に追いまくられながら、「右肩あがりの永遠の成長経済」という言葉でも表されるような時代がずっと続いた。

そこへ、一転して、1990年の冒頭からの東証株価の、4万円弱（史上最高値のピークは3万8915円。1989年12月29日）から一転して、3万4000円に急落した。

それ以来の苦難の歴史である。

あの時から、日本は、恐慌に突入していたのである。

日本は30年前の国力に戻ってしまった

それは低成長というような生易しいものではなくて、「成長の崩壊」のような感じであり、目下の2004年の日本経済は、今から20年前の1984年の経済と同じ状況にある、と最近言われるようになった。ところが、事実は、さらに10年さかのぼって、1974年の経済にまで戻っている。

1974年というのは、私が大学に入って間がない頃で、その頃の東京の都心の繁華街の雑然とした汚《きたな》さの感じと、今の２００４年の、うらぶれて、落ちぶれ果てた都心の繁華街の様子は、実にそっくりなのである。

日本は、今からちょうど30年前の国力に戻ったのである。バブル経済（過熱経済）だった１９８０年代を通過して、あの華やかな、壮麗で、贅沢な時代を通過して、今の日本は見るも無残である。それぐらい日本の景気の低迷は激しい。だから今の日本社会はあらゆる点で30年前に戻っていると言えるのである。ここに経済の循環（景気の波）の端的《たんてき》な証拠を見ることが出来る。

それは、私一個の人間の肉体を貫いて、自分が生きたこの30年間とともに、実感で分かる真実である。

このことをもっと明確に説明しよう。日本の大卒新入社員（23歳）の初任給は、バブル経済真っ盛りの１９８０年代末には18万円くらいにまで上がっていた。頂点の１９９０年には月収20万円近い金額だった。それが、バブルが弾けてからずるずると下がりだして、今はおそらく15万円ぐらいまで戻っているであろう。経団連や厚生労働省の統計では、いまでも「大卒新入社員の平均初任給は、20万円だ」という統計数値を発表し続けている。嘘を言うな。彼らは意地でも日本の経済関係の統計数値の後戻《あと》りを認めたくない、という態度である。これらの対外的（諸外国向け）にも発表している日本の公的な機関の経済統計数値《デモグラフィー》はＧＤＰ（国内総生産）の数値から雇用統計を含めて、ほとんどは嘘である。信頼できない。内部に激しい、官僚あるいは、「民僚《みんりょう》」と呼ばれる大企業民間官僚《コーポレット・ビューロクラット》たちの硬直があって、これが行き着くところまで行って、しまいに崩壊するだろう、という事態である。すべて「大本営発表《だいほんえいはっぴょう》」なのである。

今の大卒新入社員の初任給は、15万円ぐらいにまで下落しており、これは１９８４年あたりの初任給と等しいであろう。ところが、これがさらに、初任給が12万円という状況にまで戻ると、明らかにこれは１９７０年代中期（だから今から30年前、１９７４年）の大学新卒社員の初任給のレベルに戻っていることになる。私の新入社員の時の初任給がまさしく12万円であった。この数値からも今の日本は30年前に戻っている、と言えるのだ。

地価の下落状況から見ても日本経済は大きく後退している

もう一つは、土地の値段（地価）である。私自身の話で言えば、私は、東京の近郊というよりもさらに隣県埼玉県に住宅地を、１９８８年10月に買った。まだバブル経済の副産物である〝狂乱地価〟（地価の大暴騰）は、前半から続いていて、さらにその後の2年間は、地価の高騰は続いた。ケインズ経済学で言うところの「過剰流動性《かじょうりゅうどうせい》」という金余りの、余剰資金が行き場を失って、土地、建物市場に流れ込んで猛威を振るっていた。

私は、このバブル経済の真っ盛りの１９８８年に、坪単価１２０万円で住宅地を買って、翌年の春に家（上物《うわもの》）が建って移り住んだ。35歳の時である。今、私がこの自分の持ち家を売るならば、坪単価60万円である。50万円かもしれない。ということは、15年前に買った時に比べて、だいたい半値に下がっている。

これが都心の世田谷《せたがや》や目黒などの、いわゆる大都市圏の典型的な優良住宅地で言えば15年前の１９８９年のバブル最盛期の時に、坪３００万～４００万円もした。それらが、今は坪（３・３平方メートル）単価で１００万円ぐらいで手に入る。あるいはすでに１００万円を割っている。つまり、ピーク時からすると4分の1になっている。

ここから考えて、世田谷区の住宅地が坪４００万円にあがったものが坪１００万円にまで下落しているということは、明らかに１９８４年の地価に下がった状態である。そしてさらにこれが、まだまだ下がって、１９７４年の値段にまで下がりつつある。これが日本の現在のデフレーション（不況、通貨価値の上昇、物価の大下落）が端的に数字で示されている証拠のひとつだ。

このことに反論できる人はいないであろう。だから、日本経済は30年前の状態にまで戻ったのである。もうこれ以上、証拠を挙げることをやめて、ここでは、労賃（労働賃金）と土地の値段という典型的な金額を挙げるにとどめる。

日本が世界第2位の経済大国であるというのは大嘘だ

それでもなお、日本経済の力は強い。私は私の他の本、例えば、『預金封鎖―実践対策編』（祥伝社刊　２００３年12月）などで証明したごとく、世界のＧＤＰ（国内総生産）に占める日本のＧＤＰ（ＧＮＰと言ってもほぼ同じである）が、１９９０年のピークに16・８％（５・６兆ドル）もあったものが、２００２年ぐらいの統計で９％（３・６兆ドル、４２０兆円）にまで落ちていることを書いた。

それが、やがて２００５年には６％台にまで落ちるだろう。日本の国力はここまで落ちているのである。これが、世界のすべての経済力の中における、日本国の経済国力である。すさまじい激しい下落ぶりであるといわなければならない。

世界各国のGDP（GNP）比較（2003年）
――日本国の金融資産の世界比率

国　名		GDP	世界比率	
アメリカ合衆国		12.0兆ドル	30%	
EU	ドイツ	2.2兆ドル	5.0%	28.1%
	フランス	1.5兆ドル	3.7%	
	イギリス	1.5兆ドル	3.7%	
	イタリア	1.4兆ドル	3.5%	
	その他	……	……	
日　本		**3.6兆ドル**	**9.0%**	
中　国		2.6兆ドル	6.5%	
韓　国		4700億ドル	1.1%	
インド		2.6兆ドル	6.5%	
ブラジル		1.3兆ドル	3.2%	
ロシア		1.2兆ドル	3.0%	
オーストラリア		4100億ドル	1.0%	
カナダ		7100億ドル	1.7%	
その他の国々		……	……	
合　計		40兆ドル	100%	

内閣府「経済統計データ」および2003年7月のOECD発表資料に基づき、アメリカの統計資料も参考にして副島が推計し直して作成した。©T. Soejima

それに対して、アメリカ合衆国は、1990年には、世界GDPに占める割合が24%（8・2兆ドル）だったのが、2002年の統計では、遂に30%（12兆ドル）になっている。「アメリカの世界一人勝ち経済」といわれる所以《ゆえん》である。

だから、日本人が日本のことを各所で、まだ寝言のように、「世界第2位の経済大国」などとスピーチの枕詞《まくらことば》にしたりしているが、それは虚偽である。日本は、もう「世界第2位の経済大国」などではないのだ。

この「世界第2位の経済大国」という嘘を、まだ、あちらこちらでしゃべったり書いたりしている人々がいるとすれば、感覚の鈍い鈍感な人である。政府失業統計に初めからはいることさえもない、無職の若者たちに失礼であるから、もう二度と使うべきではない。

このことを日本人すべてが確認すべきなのである。

日本経済の世界のGDPの中に占める割合は、さらに4%台にまで落ち込んでいく。そこが堪えられる限度であろう。日本は苦しい没落への道をひた走っている状態を露呈している国家なのである。

もう日本国内には600兆円しか残っていない

日本がこうなった原因と理由を今から示す。それは、世界覇権国《せかいはけんこく》であるアメリカ合衆国が、ものすごい勢いで日本の金融資産を流出させ、計画的に奪い取っているからである。端的に言えば、次の通りだ。

日本国内には、一切合財を合計して、「円建ての資金で600兆円くらい」しかない。その根拠は私がこれまで数冊の本でしつこく書いてきたとおり、①郵貯＝287兆円、②簡保（簡易保険）＝127兆円、③厚生年金・共済年金・国民年金等の年金類の積み立て残高の合計＝157兆円の合わせて570兆円くらいである。これに民間銀行の、預金と貸付金のネットの純資金（差し引き、正味資金）で50兆円が加わって、ようやく620兆円くらいである。

これが日本国民すべての金融資産なのである。「日本の個人金融資産1400兆円」というような寝言《ねごと》ももう、言わない方がいい。いつまでもこういうことを言っている人は、その根拠自体があいまいであるということを、私が、この本の73ページで示している、

「日銀の資金循環表」を根拠にした数字から理解してほしい。

この表から分かるとおり、個人の金融資産が、１３８７兆円あるとしても、これに対して、負債の方が５００兆円ぐらいあるのだから、差し引きで８００兆円くらいしか資金は残っていないのである。

しかも、その８００兆円のうちの２００兆円ぐらいは、政府と日銀による外債買い（米国債買い）がひどいものだから、どうも「外国為替特別勘定」（通称、外為特会《がいためとっかい》）の「見合い勘定」にされてしまって、実際には存在しない。だから円建てでは、あくまで６２０兆円ぐらいしか日本国内には、もうないのである。

他のエコノミストや、金融経済学者たちは、こういう大きな数字の話を、まったくしない。それでは、私の書いていることは嘘なのか、というと、彼ら自身が、私の本を恥ずかしそうに盗み読んで、納得しているらしい。

日本の知識人たちというのはこの程度のお粗末な人々である。だから私は彼らを一切、評価しない。

今、日本の金融資産はいくらあるのか
――日銀の資金循環表による　（2003年3月末。▼はマイナスを示す）

	資　産	負　債	残高（正味）
個　人 （家計）	1378兆円 （少し減っている）	385兆円	993兆円 （果たして こんなにあるのか?）
企　業 （金融を除く）	669兆円	1251兆円	▼582兆円
政　府	454兆円	801兆円 （これが正確な累積の 財政赤字額だ）	▼347兆円
金融法人 （郵貯・日銀を含む）	2501兆円	2565兆円	（▼）64兆円
計	5002兆円	5002兆円	0円

ここに含まれる

国民の“最後の虎の子”（財投の資金）

郵　貯	287兆円
簡　保	126兆円
年　金	157兆円
計	570兆円

（郵貯残高の公表数字は236兆円だが、現在の動きからしてそんなに少ないはずがない）

この表は日本銀行発表の「資金循環速報」を基に、他の資料も加えて分かりやすく副島が作成した。©T. Soejima

日本は400兆円もの米国公債を無理矢理買わされている

そして、この円建てで620兆円ぐらいの国内資金の外に、400兆円ぐらいの金がアメリカに流れ出している。これのうちのほとんどがどうやら実態としては、米国債やアメリカ国内にある政府系の大企業（たとえば、通信の大手のＡＴ＆Ｔ《エイ・ティー・アンド・ティ》など）の債券、それからニューヨーク州債とかカリフォルニア州債などを買わされているようである。

アメリカの政府が発行する米国債は、「ナショナル・ボンド」（national bond）と総称される。その中で中心となって、指標となるのが、10年物の国債で、それは米財務省証券《べいざいむしょうしょうけん》、「トレジャリー・ビル」（treasury bill）と呼ばれるもので、これには、現在、年率で4・2％ぐらいの金利がついている。

これ以外にも、米国債は、いろいろの種類があって、私にもよく分からない。トレジャリー・ボンドとかトレジャリー・ノートと呼ばれる極めて短期の国債まであって、これらは、どうやら日本のＭＭＦ《エムエムエフ》（マネー・マネジメント・ファンド）のような、超短期で売り買いされる〝日ばかり商品〟に近いもののようである。このような形で売り買いされる米国債等もある。

米財務省当局が発表している、日本国が保有している米国債の統計数字は、わずかに5000億ドル（45兆円）ぐらいである。これが信じられない数字だ。本当は、この45兆円の実に7倍から8倍の数字を日本側が買っているのである。米財務省も、自分自身が抱えている巨額の借金のことだけは、恥ずかしくて表に出したくないらしく、嘘をつく。

日本の政府部門が買っている、米国債の45兆円というのは、日本の普通国債（発行残高はすでに、450兆円。これが、日本の財政赤字の本体の部分）に対応している、「10年物の財務省証券だけ」の統計数値であろう。日本は、これの7倍から8倍の、実に400兆円もの米国公債を買っているのである。あるいは無理矢理、脅されながら買わされているのである。私は、このことを6年前に書いた『日本の危機の本質』（講談社刊、1998年）以来、一貫して主張してきた。

日本国民の大切な資金がアメリカに流出するよう仕組まれている

その内訳は、次の通りだ。

（1）日本国政府が買っている米国債が総計で１２０兆円くらいある。その中心部分は直近で６８７１億ドル（70兆円）もある「外貨準備高」（foreign reserves フォーリン・リザーブ）と、日本政府が、ＩＭＦ（国際通貨基金）や世界銀行《ワールド・バンク》等に資金を供給するために長期で預けているお金等がある。これらを合わせて日本の政府部門の、１２０兆円から１４０兆円が、米国債及び米ドル建ての金融資産になっている。

それ以外にも、（2）トヨタや松下、ソニーなどの日本の優良大企業が１００兆円ほどのお金を日本国内に戻さずに、そのまま米国内でやはり米国債を中心にして運用している。

次に、（3）日本の大手の金融機関が、合計で１００兆円くらいを預けている。これは、「機関投資家《きかんとうしか》」と通称される銀行・証券・生保のお金である。私たち日本国民が生命保険の掛け金や証券投資や銀行預金の形で預けているお金である。このうちの１００兆円ぐらいがやはり、米国債に投資されて運用されている。

そして最後に、（4）日本の大金持ちたちが、香港やスイスや、バーミューダやケイマンというカリブ海の島々のような「オフ・ショア」（off-shore）と呼ばれたり、「タックス・ヘイブン」（tax haven）と呼ばれる「世界中の大金持ち向けの脱税（節税）天国」である特殊な地域に逃がしているお金がある。これも、あれこれ総計で１００兆円くらいあるようだ。

しかし、これらの海外に逃げたお金も、実は例えば香港上海銀行（ＨＳＢＣ《エイチエスビーシー》）のニューヨーク支店勘定というところに実質は置かれている。法律上はオフ・ショア勘定やタックス・ヘイブンである特殊な島々の「ペーパー・カンパニー」の勘定に有るかのように見せかけているけれども、実際のところは、米ドル建てでニューヨークに置かれているのだ。このニューヨークで、投機資金《ホット・マネー》にならない一番安全なお金として主に米国債で運用されているのである。

これらのドル建て資金の動きは、ニューヨーク連邦銀行《れんぽうぎんこう》がすべての決済資金の帳尻《ちょうじり》を取っているから正確に把握している。ニューヨーク連邦銀行は、アラン・グリーンスパン議長が率いるＦＲＢ《エフアールビー》（連邦準備制度理事会、日本の日銀に相当する）の下部組織である。

だから、上記の（１）から（４）までの、日本勢の４つの総計で４００兆円（３・６兆ドル）もの日本の資金がアメリカに流れ出している。あるいは、日本が無理矢理、〝ゼロ金利〟にさせられているから、その金利差《スプレット》から、どうしても不可避に米国債を買うように仕向けられているのである。そうやって、日本国民の大切な資金は、４００兆円もが、計画的にアメリカに流出するように仕組まれている。

日本政府の際限ないドル買いは売国奴の所業だ

日銀は、円高阻止というかけ声で、前述したが、昨年2003年1年間だけで、なんと20兆円もの米国債を、買った。今年に入っても、2月末の段階ですでに10兆円も買っている。日本国内の資金が外国に流出することを、「キャピタル・フライト」(capital flight 資本逃避)と呼んで、売国奴のすることだ、と言われる。

ところが何とこの売国奴の所業を、日本政府自らがやっているのである。1年間に、20兆円分もの外債(米国債)を買って、盛んに日本の資金を外国に流出させているのは、日本国政府(と日銀)自身である。これに比べれば日本の金持ちたちが、自己資産の目減りリスクをヘッジするために、資産の一部を海外に移転するのは、まだまだかわいい方である。日本の資産家の資産防衛の技術などは、世界基準からすれば、まだまだ幼稚園児《じ》の児戯《ぎ》に等しい。

日本政府(小泉政権)の言い訳としては、「これで1ドル=105円割れにまで進行した円高を阻止して、これで日本の輸出大企業を守ったではないか。輸出を大きな収益源としている日本の大企業が円高にされたら利益が出なくなるのを食い止めたではないか。そのための必要な手段として、背に腹は代えられないから、それで大量のドル買いをやったのだ。これからもまだまだ円売り・ドル買いを続ける」と言っている。

このような、表向きのだれも反対できない理由を立てながら、日本の財務省（旧大蔵省）は、実は、いやがる日銀に恫喝《どうかつ》をかけながら際限ないドル買い（米国債買い）を繰り返しやらせている。

アメリカの金融財界に屈服した財務省官僚が元凶だ

日銀は、日本の中央銀行であるから、世界の中央銀行である世界銀行《ワールド・バンク》に口座を持っていて、国家間の資金の決済はこの勘定でする。だから、「円高阻止の政府介入」は、財務省ではなくて日銀自身がしなければならない、という仕組みになっている。しかし日銀がこういう「為替介入」をやるといっても、それは財務省の許可と推奨を得てやっているのである。

生え抜きの日銀官僚たちは、「財政政策の失敗と、アメリカの言いなりになって日本の経済苦境を作ったのは、自民党と旧大蔵省ではないか。私たち中央銀行のせいにするな。私たち日銀は、株式会社であって、金融市場の実勢に従って通貨量の調節と、公定歩合（誘導金利）の決定をしたいのである。今の政策失敗の責任は、私たちにはない」と必死の抵抗をしているのである。

前の日銀総裁の、速水《はやみ》 優《まさる》氏は偉かった。刀折れ矢つきるまでアメリカに抵抗したが首をきられた。今の福井俊彦《ふくいとしひこ》総裁も、元々が三井＝ロスチャイルド系の生え抜きの日銀人材であるから、腹の底では、アメリカ・ロックフェラー勢力の日本金融支配に抵抗したいのだ。しかし、自分が潰《つぶ》されるのがいやだから、「通貨の垂れ流し」と「米国債買い」をしぶしぶやっている。

悪いのは、日銀副総裁になった、元の大蔵次官の武藤敏郎《むとうとしろう》氏である。彼は、財務省（旧大蔵省）の意を体現して、日銀に乗り込んできて、人事の大鉈《おおなた》を振るう強権を使って、生え抜きの日銀官僚たちと目下、激しく抗争している。私の目から見て、武藤敏郎元大蔵次官の態度は、アメリカの金融財界（ロックフェラー家）に屈服した哀れな大蔵官僚の代表であるようにしか見えない。

日本の財務省は、自分たちが、自民党の親分（実力者）たちの次に狙われて、アメリカに屈服させられた恥ずべき事実をひた隠しにしている。それなのに日銀官僚たちをいじめている。

これは許されないことである。自分たちが、1998年2月からはじまって、10月には〝大蔵落城〟(まさしくアメリカに対しての落城である)した原因となった「ノーパンしゃぶしゃぶ事件」のスキャンダル攻撃を受けて、アメリカのグローバリストたちに屈服したのである。あの「ノーパンしゃぶしゃぶ事件」こそは、アメリカの経済CIAが仕掛けた日本破壊攻撃、大蔵官僚撃滅の政治謀略であった。私のこの書き方に、反論できる日本の言論人がいるなら出てきてもらおう。私と公開の論争をやろうではないか。あの策謀に盲目の手先となって加担した若い新聞記者や雑誌記者たちも私は許さない。時間をかけて摘発しようと思う。

今の日本は本当のトップがいない奇妙な国家だ

ここで私は、さらに奇妙なことを書く。故・竹下《たけした》登《のぼる》首相が、アメリカの後押しで、中曽根康弘《なかそねやすひろ》と組んで田中角栄《たなかかくえい》を打ち倒して、1985年以降の日本の最高実力者(実質的な日本国王）となった。その竹下登が２０００年6月19日に亡くなったあとも、今なお、日本は「竹下残影王朝」であるとするのが私の日本政治分析である。

だから、今の小泉純一郎首相がどんなにアメリカの信認が厚いといっても、本当に日本国内の諸勢力（部族連合体の長たち）を取りまとめているかは疑問である。だから今なお小泉首相を含めて、竹下残影王朝なのである。

そして、世に「一枚紙」と呼ばれる、その年の、国家予算の大綱を書いた「国家の総勘定元帳」を大きな一枚の紙にしたものがある。それを、財務次官と、主計局長のふたりが直々に参詣《さんけい》して恭《うやうや》しく差し出す相手が、実はその時の日本国王なのである。これをさして、財務省内部の隠語で「予算を納《おさ》める」と言うらしい。

日本には天皇陛下というれっきとした日本国王がおられる。しかし、この「一枚紙」は、大蔵官僚のトップから天皇に差し出される（奏上される）のではない。あくまで、〝世俗の王〟であるその時の最高実力者である政治家に向けて差し出される。その人が、竹下登死去のあと、いない、というのである。どうも小泉首相ではない。だから今の日本は、「大空位時代《だいくういじだい》」なのである。

だから、仕方なくこの4、5年は、先述した武藤敏郎元大蔵次官を筆頭とする旧大蔵官僚のトップたち数人が勝手に作って、勝手に「自分たちで納《おさ》め」ているらしいのである。以上は余談であるが、かなり重要な「日本国の基本骨格に関する秘密」ではないかと思う。

やがて起こるであろうドル大暴落で日本は巨大な資金を失う

日本は、これほどまでに巨額の米ドル（米国債）を買う必要はまったくないのである。それなのに、こうやって日本国民の大切な資金がどんどんアメリカに流れ出している。そして、アメリカ帝国の資金不足を、日本が「ファイナンス（穴埋め）している」のである。だから、日本国民の資金は国内にすべて合計で６００兆円ほどしかない。それなのに、米ドル建てで、米国債を買わされることによって４００兆円も流れ出しているのである。この恐るべき実態をきちんと私たちは見据えるべきである。

そして、やがて数年後に、あるとき、アメリカ経済が一時的破綻《はたん》を起こし、突如の金融恐慌が日本にも襲いかかってくる。そのときに「ドル大暴落」が引き起こされる可能性が、非常に強くなっている。1ドルは60円にまで暴落する可能性が出ているのである。金融相場のグラフである、罫線《けいせん》のチャート上からは、1ドル40円まであり得る。

そうすると、先に挙げた日本側の四者が持っている総計400兆円のお金が、一気に4割も減るわけである。160兆円分が吹き飛ぶ。このような事態をやがて日本国は迎えるのである。

安全保障を金で買った日本には大量の若い失業者があふれている

それはなぜか。この巨額の貢ぎ物（上納金）は、属国・日本国が、世界帝国・アメリカに軍事で頼りきりになり、安全保障面でアメリカに守ってもらうことで、その見返りで払っているお金である。日本は金《かね》で安全保障を買ってきたのである。

アメリカが気前よくただで日本を守ってくれるのではない。合計10万人の極東派遣の米軍は、たったの年額6500億円（そのうち、各米軍基地の司令官たちへの支払いの合計は、2500億円。残りは基地地主たちへの地代等）の「思いやり予算」で満足しているのではない。おそらくアメリカは、毎年日本から40兆円ぐらいずつまき上げている。この10年間で、400兆円である。これですべての辻褄《つじつま》が合ってくる。

常々、私が書いてきたように、「政治と経済は大きく貸借を取り合ってバランスする」

のである。これは私の業績のひとつの大きな理論である。だがしかし、アメリカへの貢ぎ物（対米債権）の４００兆円というのは、それにしてもあまりに過大な金額であると言わざるを得ない。

そのために日本国内で５００万人ほどの若者たちが失業している。厚生労働省や、内閣府の統計部署が発表する、完全失業率は、２００３年の12月のデータで５％を割り込み４・９％である。政府統計で４３０万人ぐらいが失業している。男性に限ればちょうど５％である。少し前の２００２年度の平均値では５・４％もあった。

しかし、これらの政府統計には、大きな嘘がある。この他に５００万人近くいるであろうと思われる「定職なし」の若者失業者は含まれていないのである。彼らは政府の失業統計には表れない失業者たちなのである。なぜなら、失業統計に出てくる人たちは、自分が勤めていた会社を辞めて、「ハローワーク」（公共職業安定所、旧通称〝職安〟）に登録して失業者として正式に認定された人たちのことを指すからだ。これらの人たちは、リストラや自己都合で会社を辞め、再就職を目指して職探しをしている人たちである。それ以外の職探しを止めた人は、「非労働力人口《ひろうどうりょくじんこう》」といって失業者にさえも含まれない。

大勢の若者たちが不満を抱えている国を経済大国と呼べるのか

大学や高校を卒業しても初めからきちんとした就職先が見つからない若者たちには、株式会社と呼べる企業に就職したことがないのだからそもそも「失業」することもないのである。彼らは、フリーターとかプータローと呼ばれる。女性の場合は、言葉だけ少し上品にして「派遣」と呼ばれる。人材派遣業と呼ばれる会社に派遣社員として登録している、というだけのことである。

厚生労働省によると、２００３年12月時点の大卒の就職内定率は、前年同期を３・２ポイント下回る73・５％であった。過去最低の水準である。どうせこの数字も「大本営発表《だいほんえいはっぴょう》」の嘘のひとつであるが。就職内定率は１９９７年度には84・８％だったが、年々、低下する傾向にある（「読売新聞」２００４年2月10日夕刊より）。

だから、大雑把にいえば、大学新卒の３割が実社会に職もなく放り出されているのである。これらの失業統計にすら表れることのない若者たちの不満が日本社会の土台、基本のところに充満していると考えなければいけない。

日本ほどの、経済大国であり、債権大国でありながら、若者たちが大量に失業して、職がないという状態は異常であると言わざるを得ない。私たちはもっと大きな現実を見据えなければならないのである。テレビ、新聞はこういうことを報道しようとしない。日本社会の恥部であるとでも考えているのか。

そして、あのアメリカに流れ出した４００兆円（３・６兆ドル）の日本国民の大切なお金は、もはや戻ってくることはないのだという覚悟を我々はしなければならない。やがて、世界に起きる同時不況の波の中で、日本国民の金融資産はまずその半分近くが吹き飛ばされる。アメリカ帝国は借金を返さない。私たちはその事態に備えなければならないのである。

日本が帝国アメリカの属国であることは周知の事実だ

これだけ巨額の貢ぎ物をしているのに、それでもまだ、日本国民はアメリカ帝国から自立、独立の道を選べない。政治指導者も含めてその道を模索することさえが出来ない。このことこそまさに日本国の悲劇と言わざるを得ない。私はこの本で、「アメリカ発の世界恐慌がやがて襲いくる」という一点に絞ってさらに書いていく。過去の歴史を遡《さかのぼ》りながらそこから多くの教訓と検証を得ることも試みる。

「帝国 対 属国」ということについて少し説明しよう。今、日本の自衛隊がイラクのサマワという町の外《はず》れに進出している。全体で600～700人ほどの部隊である。なぜ、日本国がイラクの復興を支援するという名目で、日本国の実質的な軍隊である自衛隊を出さざるを得なかったのか。

それは、アメリカ帝国が主要な同盟国（ally アライという。同盟関係のことをallianceアライアンスという）の一つである日本に対して、「どうしても出兵せよ」としつこく要求するからである。そのことはもう日本人なら誰でも分かっていることだ。ただ新聞、テレビがそのように書かない、言わないだけのことだ。

日本国内の議論では、日本の親米保守派（いわゆるポチ保守）の人たちが、「世界平和に貢献する日本の力を示そう」とか言って、自衛隊をイラクに送り出すべきだという国内の風潮を作って扇動しているが、そんな単純な子供じみた表面の理由で自衛隊はイラクに派遣されているのではない。

それは、帝国は属国軍に対して命令を下して、国際的な戦争活動において各国の属国軍を従軍させ、自分たち帝国軍の脇腹《わきばら》に置いて、仕《つか》えさせるという行動に出るということなのである。これは人類五千年の文明史を貫く大きな真実である。これは明らかなことだ。それなのに、まだ「帝国と属国」という理論を、言論人や経済学者たちも含めて日本の指導者層が認めないとすれば、実に愚かである、と言わざるを得ない。

日本の庶民、一般国民は、タクシーの運転手を代表選手にして、「日本は、アメリカの属国だからねえ。言うことを聞かない訳にはゆかねえんだろうねえ。アメリカって怖いねえ」と言っている。この言葉を車中で聞くたびに私は、ひとりで苦笑する。

金融資産を貢がされ、一言も抗議できないふがいない日本の現実

「日米同盟がすべてに優先する」という言葉で語られるものを疑う必要がある。いつまでもその状態がすべてであるという議論に終始してはならない。

いまなお、日本の敗戦後の経済復興——日本人はこれだけ良い暮らしができるようになった——は、アメリカ様のおかげであるという考えは、日本国民の7割くらいの人々の総意であろう。それを体現しているのが小泉政権である。だから、小泉首相はブッシュ大統

領の「忠犬ポチ公」として振る舞っていても、このことを日本国民の多数派は承認している。

だがしかし一方で、これほどの金融資産を日本は貢がされ、奪われて、黙って一言も抗議も反論も異議も唱えることすら出来ない。日本の政官財の指導者たちのこのふがいない姿をみるにつけ、私はいきり立つ。「日本の若者たちに職を与えよ。日本の中小企業に活力が生まれるような環境を整えよ」と公然と主張する言論人・エコノミストがいない。これが今の日本国の悲劇であり、悲惨さなのである。

私は奇をてらったり、物事を小難《こざか》しい「上品な大人の議論」に仕立ててみたり、専門的な学者風の難しい論文にする気はさらさらない。それと同時に、そこら中にいる金儲け一点張りの薄汚い金融評論家や景気予想屋のような本も書くつもりは毛頭ない。

私の関心は、やがて日本国に迫り来る金融・経済場面の危機に対して、我々がどのように自分の資産と生活を防衛できるかということだけである。

この本の以下の章では、なぜ恐慌が迫り来るのかということを、「景気循環」（景気サイクル）の諸理論によりながら、証明していく。

第三章

景気循環からみた恐慌到来とアメリカ覇権衰退の必然性

すでにアメリカ経済は大きな下降線にはいっている

経済学の一分野である景気循環《エコノミック・サイクル》（economic cycle）論では、「コンドラチェフ・サイクル」が一番重要である。

アメリカが今迎えている局面を景気循環論の各種のサイクル理論の観点からつぶさに見ていこう。

景気循環論については日本では、篠原三代平《しのはらみよへい》一橋大学名誉教授や嶋中雄二《しまなかゆうじ》ＵＦＪ総合研究所投資調査部長が代表であり、日本でも数々の優れた研究文献や著作がある。ここでは日本の景気循環論者のあれこれの学説の詳細は述べない。あくまでも本書にとって必要なことだけを説明していくことにしたい。

すなわち、97ページの表にあるごとく、コンドラチェフの波からすると、すでにアメリカ経済は、大きな下降線にはいっている。このことが何よりも重要である。だから、どんなにアメリカ政府が、戦争までやって景気の押し上げ策を弄《ろう》しても景気回復というのは無理なのだ。

景気循環上の一般的な局面の呼称

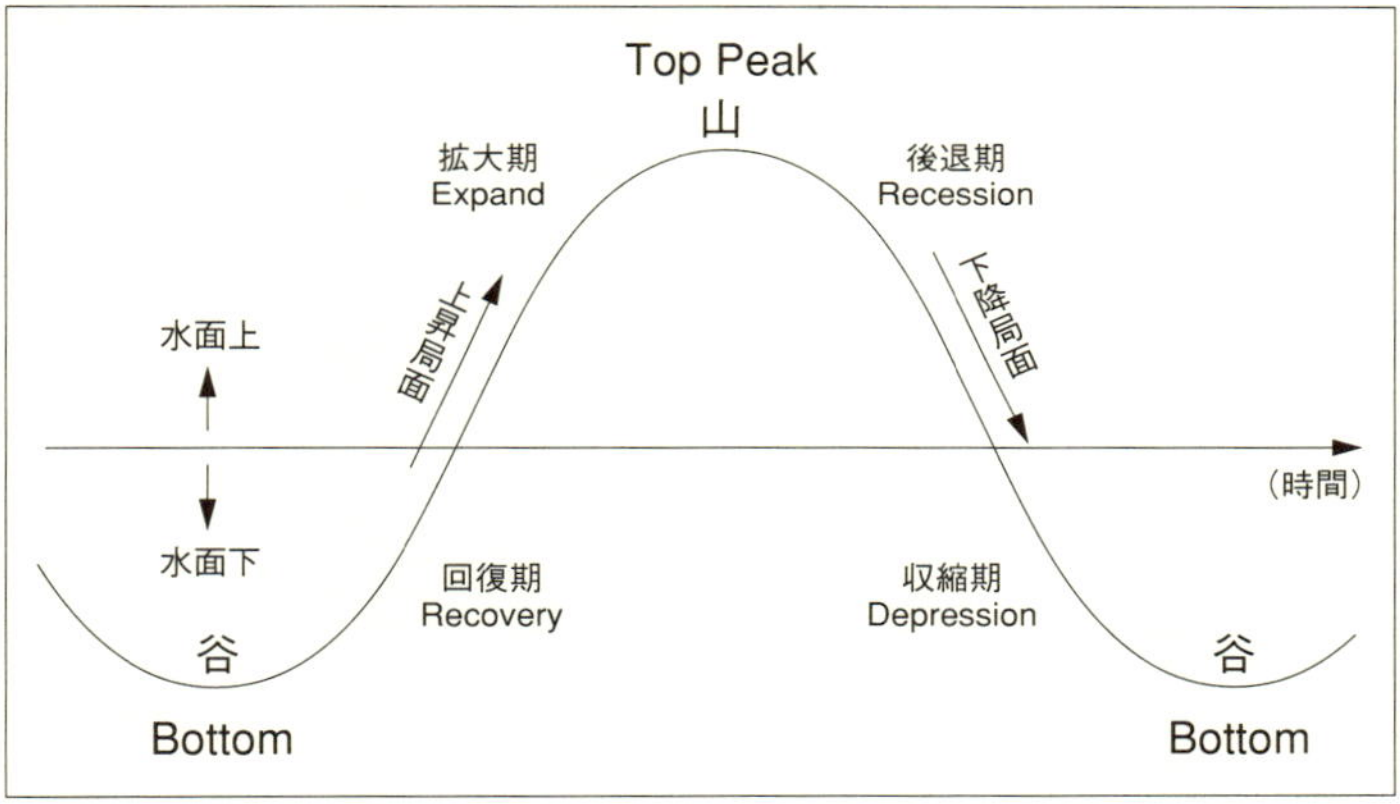

これが景気循環を考える場合の一番ありふれたモデルである。

ニコライ・コンドラチェフ（1892〜？）

Nikolai Dmitrievich Kondrat'ev

旧ソ連の経済学者。もともとナロードニキ派理論家として頭角を現した。ロシア革命後、モスクワの景気研究所所長およびティミリャゼフ農業アカデミー教授を兼任（1920〜28）。第１次農業５ヶ年計画を作成したほか、景気の長期循環論を定式化したことで有名になる。1930年に反政府活動に関った容疑でシベリアに流刑、消息不明となる。その経済理論（コンドラチェフ・サイクルと呼ばれる）は、イギリス・アメリカ・ドイツ・イタリアの卸売物価指数、利子率、生産量などから検出した約50年周期の長期循環。

イラク戦争に見るごとく、ブッシュ政権が、大変な金をかけて、いくら「戦争《ウォー・》（による刺激）経済《エコノミー》」（war economy）をやってみても、それでも今の景気を維持するのが精一杯である。どうあがいてもアメリカ経済は、そのうちもっと激しい不況（景気の下降曲線）へとはいっていくのである。

景気の波には大きく五つの波動がある

そこでまず、「景気の波」である、景気循環の代表的な五つの波動を紹介する。景気循環のサイクルとしては、

①約50〜60年周期の「コンドラチェフ・サイクル」
②約20年周期の「クズネッツ・サイクル」
③約10年周期の「ジュグラー・サイクル」
④約3〜4年周期の「キチン・サイクル」

景気循環のサイクル

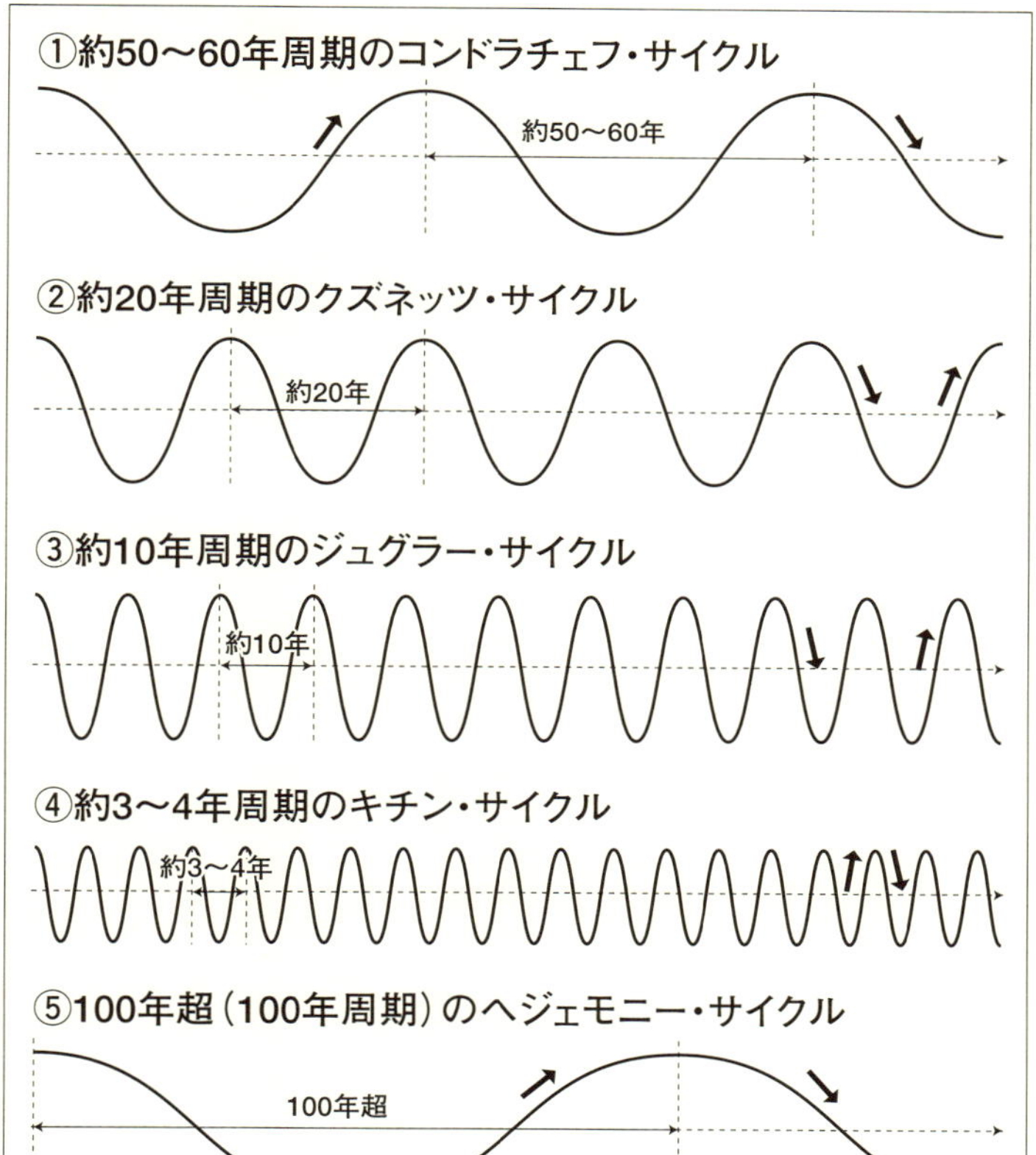

日本では篠原《しのはら》三《み》代《よ》平《へい》一橋大学名誉教授が唱導してきた。

この四つが一般的なものである。ただしもっと長期的な潮流を理解したいならば、この四つにさらに、

⑤１００年超（１００年周期）のヘジェモニー・サイクル

を加える必要があるだろう。

この五つの波動については、②のクズネッツ・サイクルを「建設投資の循環」と考える。そして、③のジュグラー・サイクルについては、「設備投資の循環」と考える。④のキチン・サイクルは「在庫投資の循環」であると考える。このように考えることで大方の見解は一致している。

大きな観点から金融・経済の動向を観測するにはコンドラチェフの波が一番だ

これに対し、①の一番重要なコンドラチェフ・サイクルについては学説が割れている。１９３０年代の大恐慌の時代のアメリカ経済学者の中で、一番、誠実に悩み抜いた偉大な

コンドラチェフの波から分かること

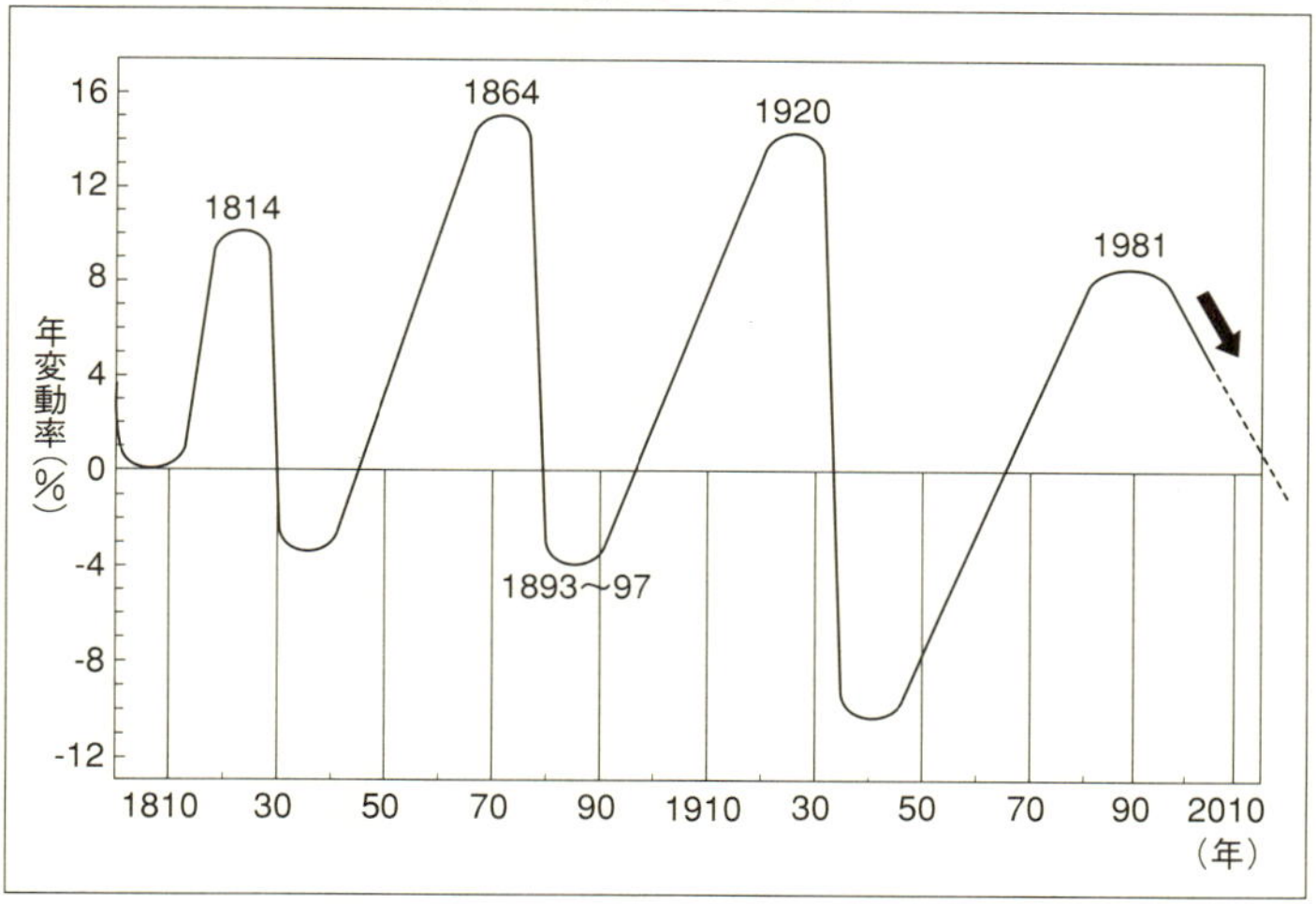

コンドラチェフの波は、アメリカの衰退を示している。この波を人工的に挿しあげることはできない。

Ullstein Bild / Uniphoto Press

ジョゼフ・シュンペーター（1883〜1950）
Joseph Alois Schnmpeter
オーストリア生まれの20世紀を代表する経済学者。同時代の寵児であったケインズの最大のライバルであり、批判者でもある。ウィーン大学で法学と経済を学び、大学教授をつとめる。第1次大戦後のオーストリアで蔵相、銀行総裁などを歴任。1932年に渡米し、ハーバード大学教授に就任する。そこでサムエルソン、マスグレイブ、レオンチェフ、ガルブレイスなどアメリカ経済学界の多くの俊英を育てた。主著『経済発展の理論』は20世紀初頭に書かれ、資本主義の力強い発展と行き詰まりを予見している。

経済学者であるジョゼフ・シュンペーターや、この時の教訓から後に、「成長経済の理論」を作ったアルヴィン・ハンセンらの経済学者は、「コンドラチェフの波は、技術革新の循環である」としている。だから、このコンドラチェフの波（50～60年周期）を、「技術革新《イノベーション》（innovation）が60年ぐらいで周期的に起きる波だ」と捉えることで、その中で激しい下降線を描く1930年代の大恐慌を、「技術革新の枯渇・中断」と理解していた。

もっとも、ハンセンはそれを構造的なものとして捉え、「政府は大規模な財政支出拡大策を取るべきだ」と唱えた。それに対して、大御所のシュンペーターは「この60年の景気の周期そのものが、健全な国民経済の動きである」と考えたので、政府部門からのいかなる人為的な景気対策の発動にも反対した。両者の考えにはこの違いがある。

それ以外にも、このコンドラチェフ・サイクルは、「物価や金利の長期的な変動のサイクルである」とする見解がある。物価および賃金の変動と、金利（これを、資本＝元本《がんぽん》使用の対価と考える。すなわち、お金そのものの費用のことである）の変動を一番大きな波動で見ると、やはりコンドラチェフの波が、一番大きな観点からの金融・経済の動きを的確に示している。

ただ間違いなくいえることは、これよりも小さな周期である、④のキチン（3～4年周期）と、③のジュグラー（10年周期）と、②のクズネッツ（20年周期）の各サイクル（波動）は、一国の経済の内部だけで起こる景気の循環を対象にしており、一国規模の内部だけの通常の景気循環の動きを追ったものである。

これに対し、①のコンドラチェフ・サイクルと、それよりさらに長期の１００年周期を持つ⑤のヘジェモニー・サイクルは、視野の範囲が格段に世界規模である。経済的な動きだけでなく、ここには、各国の政治・外交・社会構造を規定している制度システム＝政治体制そのものの転換、変動までをも大きくは伴うものであるとする。

事実、大きな歴史の観点からして、20世紀に前半に起きた世界恐慌も第二次世界大戦の時代も、その後の、１９５０年代の大繁栄の時代も、そしてその間のバブルと、その破裂（pop ポップ、あるいは burst バーストという）も、これまでの世界で、だいたい50〜60年周期で生じているのである。この事実が何よりも興味深い。大きな戦争も、政治革命も、だいたい60年周期で人類に襲いかかってきている。

ロシア革命（レーニンが指導したボルシェビキ革命）は１９１７年の10月を頂点とする。それから73年後の１９９０年の11月にソビエト共産主義（ソビエト民主主義人民共和国連邦）は瓦解して解体され、消滅した。ここにもコンドラチェフの波が見える。

1930年代の大恐慌の時は、すべてのサイクルが下降局面にあった

この他に、景気循環《エコノミック・サイクル》理論の特徴のひとつに、「異種サイクルどうしの混合」という考え方がある。これは上述した五つの主要なサイクル（波動）のうち、より長い周期の波動については、「それよりも周期が短いものが二つ以上内部に含まれている」と考える。より長い景気循環のサイクルの中には、二つ以上のそれよりも小さなサイクルが合成されて成っているという考え方だ。１０１ページの図で示すとおりである。

だから大きなサイクルが上昇局面（好景気になりつつある時のこと）にある時には、そこに含まれているより小さなサイクルの上昇局面は、息の長いより力強い好景気になると考える。それに対して、景気の下降局面で、この複合が現れる時は、小さな波のほうは、上昇線を描いているのだから、「不況は比較的短い期間であり軽微な不況で終わる」と考える。

これに対して、①のコンドラチェフ（60年周期）や⑤のヘジェモニー（１００年周期）の波などの大きな景気のサイクルが総じて下降局面にある時には、②のクズネッツ（20年

景気循環論の基本的な理解の仕方

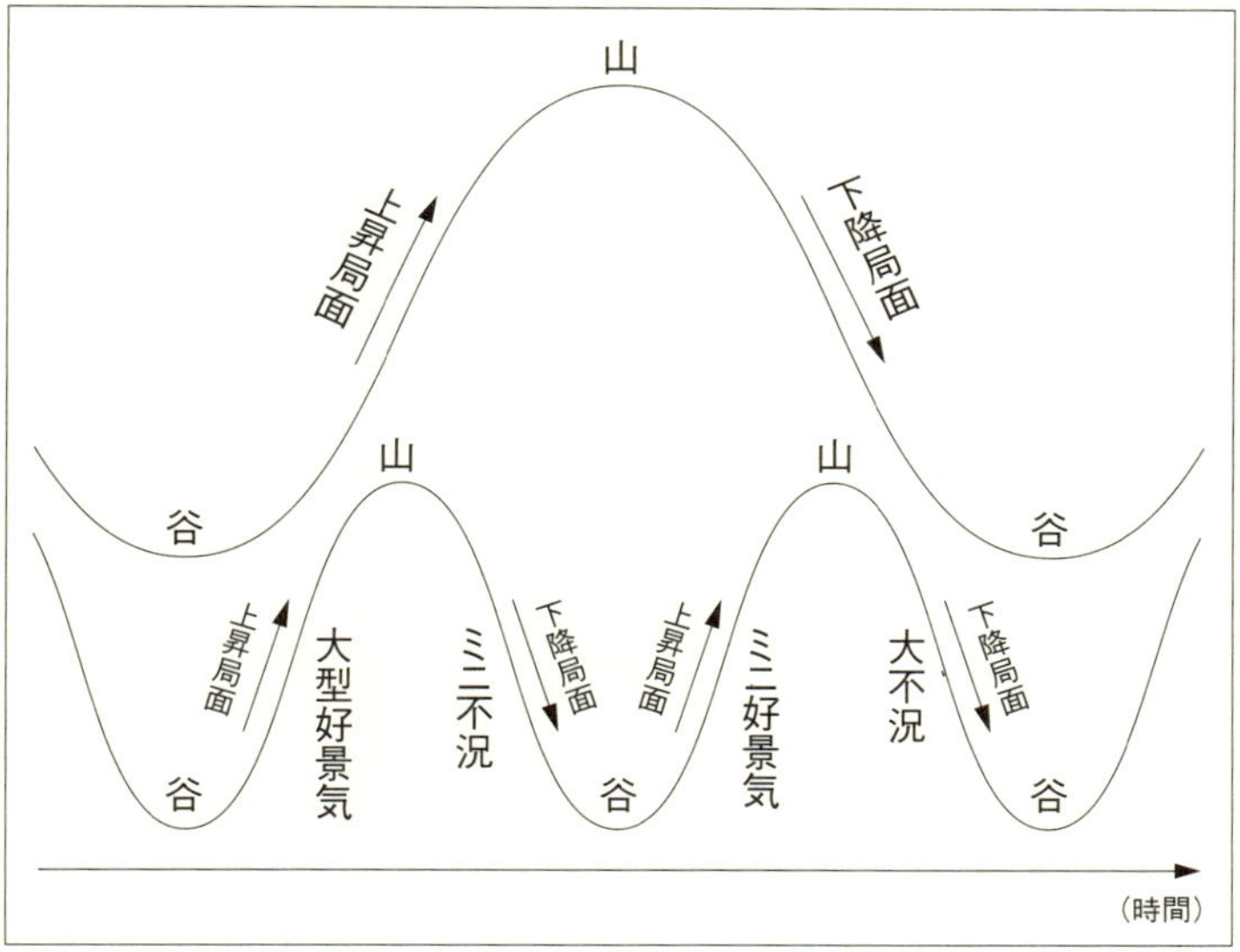

大きな景気の波の上昇局面では小さな波の上昇局面が重なると力強い景気拡大局面になる。小さな波の下降局面が重なると軽微な不況で済む。

ジョゼフ・ジュグラー（1819〜1905）

Joseph Clément Juglar

フランスの医師・経済学者。医者としてフランスの結婚率・死亡率・出生率に循環的な変動を発見する。その後、経済に関心を寄せ、近代的景気循環論の先駆的な著作『フランス、イギリスおよびアメリカにおける商業恐慌とその周期的再発』（1862）を発表。景気循環現象の発見者といわれる。彼の理論であるジュグラー・サイクル（主循環ともいう）は、9〜10年を周期とする経済の波動のこと。銀行貸出し、利子率および物価についての統計資料をもとに理論的に説明。そのため現在も、同理論は景気変動の標準的なものとされている。

周期）や、③のジュグラー（10年周期）などの、より小さなサイクルがいくら上昇局面にあっても、「あまり好況感のない景気回復になりやすい」とする。そして、大きな波と小さな波が、ともに下降局面にある時には、この時には、増幅効果が現れて、長期に及ぶ大型の不況（すなわち大恐慌）になる習性がある、とする。

例えば101ページの図にあるごとく、③のジュグラー・サイクル（10年周期）が上昇局面にある場合は、設備投資（企業が新しい工場建設や支店を開くこと）が活発な状態にあるから、在庫投資（経営者が製品が売れると踏んで、強気の経営方針に切り替えて生産量を増やす）も、より活発なものになる。

この場合は、設備投資も在庫投資もともに企業が活発に投資活動（すなわち、企業が銀行からの融資を積極的に受けて、金融・財務の面で強気の経営を決断する）をしていることにほかならない。

だから③のジュグラー・サイクル（10年周期）は、二つないし三つの④のキチン・サイクル（3〜4年周期）の波から成り立っていると言われているのである。

企業の生産財は、機械設備や工場・店舗を含むから、②クズネッツ・サイクルの性質を規定する「建設投資」というのは、まさしく設備投資の一部である。このために②のクズネッツ・サイクル（20年周期）には、③のジュグラー・サイクル（10年周期）の二つ分が含まれている。だから、建設投資には、二個分の設備投資の投資意欲が内包されていると考える。

こうした観点から、ジョゼフ・シュンペーターは、「（当時の）1930年代の大恐慌は、コンドラチェフ、ジュグラー、キチンの各サイクルがすべて下降局面にあったために生じたものだ」と主張した。70年後の今、考えても、この時のシュンペーターの洞察は偉大である。当時はまだ　クズネッツ・サイクル（20年周期）は発見されていなかった。

このシュンペーターの考えが、ハーバート・フーバー大統領に影響を与えて、大恐慌の始まった1929年と30年のアメリカ政府の政策的な判断を誤った、とされる。

しかし、フーバー大統領は、当時のアメリカ経済学者たちの正統である、ジョージ・マーシャルやピグーの考えに従ったままであって、当時から〝過激な保守派〟扱いされて、やや異端視されてもいたシュンペーターの考えに従ったわけではない。かつ、「フーバー・ダム」という言葉に残されているようにフーバー大統領だって事態に対して何もしなかったので積極財政（景気刺激策）に転じていたのだ。

太陽黒点の増減にともなう異常気象と景気の波動が符合していた

のちに、①のコンドラチェフ・サイクル（60年周期）と、②のクズネッツ・サイクル（20年周期）を組み合わせたのが、経済学者のブライアン・ベリー（Brian Berry）である。

その前に、①のコンドラチェフ・サイクルの性格をもう少し押さえておこう。近代《モダン・》資本主義《キャピタリズム》経済は16世紀はじめ（今からちょうど500年前）に、北ヨーロッパ（イギリス、オランダ、北ドイツ、北フランスの地域）で成立したのだが、その以前の、前近代的資本主義（プレ・モダン）の時代には、全ヨーロッパ規模で周期的に起きる気温低下が農産物の生産低下をもたらしていた。冷害である。それが飢餓を引き起こすことでヨーロッパ全体に社会不安が強まった。中世のヨーロッパは、日本もそうであるが、飢餓と百姓一揆《いっき》（農民暴動）と戦争が次々と繰り返し起きる世界である。

これに対し、1600年代に入って北ヨーロッパで成立したとされる近代資本主義《モダン・キャピタリズム》社会（modern capitalism）では、そうした危機的な状態（社会不安）が起こるたびに、徐々に技術革新《イノヴェーション》が惹起し誘発されて、それが生産活動の増加を引き起こすことになった。それ以前の農業生産中心の社会とは対照的である。このことを指して、ジョゼフ・シュンペーターが「不況こそは革新の母である」と呼んだのだ。

この背景には、地球規模で起きる異常気象があるのだが、実はこの異常気象自体が、「太陽黒点の数の増減のサイクルの変動」に伴うものであることは近年はっきりしてきた。この「太陽黒点の増減のサイクル」は、上述した主要5波動の景気循環の各サイクルとおおむね符号している。このことが大変、興味深い。

ただし、最短期の3〜4年周期の景気の波である④のキチン・サイクルに対応する太陽黒点サイクルは存在しない。しかし、キチン・サイクルにしても、世界規模での周期的な自然変異であり、近年そのメカニズムがかなり詳細に分かりつつある。それが、「エルニーニョ現象」である。エルニーニョ現象が起こるサイクルとキチンの波のサイクルが一致しているといわれているのである。

景気の循環は、資本主義の宿命である

こうした景気循環は、ちょうど今から500年前に北ヨーロッパで成立した資本主義成

立期より前の、前資本主義社会＝前近代社会＝中世＝農業社会には起きなかったことである。景気循環は、資本主義に特有な現象なのである。その理由は、農業中心の社会では、「在庫」の概念がなかったからである。これに対し、近代資本主義社会では「製品の在庫」というものがある。このことと景気の循環に大いに関係があるのである。

例えば熱帯性の密林《ジャングル》で生活している原始人《プリミティブ・マン》（未開人）に近い人たちの行動を見ているとこのことはよく分かる。彼らが狩猟をする場合、その日に〝自分たちが食べる分〟だけしか獲物を獲らない。それ以上獲るとやがて資源の枯渇を引き起こし、結局自分たちに跳ね返ってくるからである。そのことを彼らは長い間に自然から学んで知っている。彼らはそれゆえに自然を恐れ敬う。

このような行動様式を指して、フランスの社会学者で構造主義《ストラクチュアリズム》思想の創始者のひとりである偉大な社会学者《ソシオロジスト》のレヴィ・ストロースは、未開の社会を「冷たい社会」と呼んだ。過剰な熱を持たない、穏やかな人間社会だったということである。それに対して、過熱した近代ヨーロッパの激しい競争社会を「熱い社会」と対比した。

未開社会の農業生産中心社会が、その日暮らし（あるいはその年暮らし）であって、「食糧の貯蔵」という素朴な考えはあっても、「商品の在庫」という考えを持たなかった。

だから資本主義以前の社会では、在庫もない代わりに、「どの程度物が売れるか」という需要の見積もりを正確に行うこともできない。だから、食糧不足が起こらないように〝不測の事態〟に備えて食糧の貯蔵物を溜め込むことだけはする。

気候の循環が近代資本主義を発達させた

こうした原始的な食糧の貯蔵の概念は、約1万年前に食糧生産革命が起こってから発生した。それは、今から7000～8000年前に古代メソポタミア（今のイラクあたり）で興ったメソポタミア文明である。このメソポタミア文明は、出自《しゅつじ》は今も不明であるが、シュメール人という種族の人間たちによって作られた都市国家群によって作られた。

古代メソポタミアこそは、人類の文明史の始まりとされる地域である。「人類の四大文明」の中でも、このメソポタミア＝チグリス・ユーフラテス文明が、文明研究の中心なのである。それに遅れて成立した古代ユダヤ教が経典として奉じた「聖書」とその時代も、このシュメール＝メソポタミア文明の一支流であるに過ぎない。

この食糧の備蓄、貯蔵が、「初期の在庫」の考えとなって強まるのは、やっと西暦8世紀頃からの中世の西ヨーロッパにおいてである。荘園《マーナー》での農業民は、ほとんどは農業奴隷（農奴制 serfdom サーフダム 下の農奴）であった。日本の江戸時代の農民（百姓）も農奴である。農耕生産では耕地で家畜を放牧することと、穀物類の生産を中心とする農耕活動であるから、毎年計画的に「三圃《さんぽ》式農業」で牧畜と穀物生産のローテーションを組んで生産活動を展開していた。冬季に備えて、ハムやソーセージといった保存用の加工食品をも生み出すことで在庫を溜め込んだ。このような中から、徐々に近代資本主義社会やそれに付随した合理主義《ラシオナリズム》（＝実利主義）の思想がヨーロッパで育《はぐく》まれた。

このような北ヨーロッパの、気候の循環がある温帯地域で、のちに商業利潤を強い動機とする近代資本主義が発達したのである。

「ストック型経済」の資本主義が景気循環を生み出す必然

それに対し、熱帯や亜熱帯の気候下では、四季が存在しないから、近代資本主義はなかなか成立し得ない。近代資本主義というのはなかなか気難《きむずか》しい神経質な経済・社会システムである。従って、農業生産だけに依存していた前近代資本主義社会は前述したとおり、〝その日暮らし〟の「フロー型経済」である。それに対し、資本主義社会は製品の在庫を溜め込む「ストック型経済」である。ここに大きな違いが生じてくる。

前資本主義社会（農業社会）では、異常気象のために凶作になり飢餓が起こって、危機的な状況に陥る。農民暴動（百姓一揆）となる。これに対し、資本主義社会では産業革命を経て大量生産のメカニズムが確立されて、このことが原因となって、「製品在庫を抱える思想」が生まれる。

企業経営者の思惑から積極的に投資してしまえば、のちに生産過剰となって、消費しきれないほどの大量の在庫を抱え込んでしまう。そうすると、なかなか売れなくなってしまった製品の在庫があるために、工場が稼働しなくなって不必要な労働者を解雇する、ということになる。そうすると都市部で商品を買う人々が減るから、さらに景気が悪くなる。

このようにして、周期的に「過剰在庫」が不景気をもたらすことになる。経済活動が停滞することで、やがて社会に危機的状況が引き起こされる。職を失って食べられなくなった労働者たちが騒ぎ出して、労働争議が起きるようになる。そうやって農業飢饉《ききん》にも似た都市部での社会不安が周期的に起こるようになる。ここから、「景気の波」や「景気循環」（エコノミック・サイクル）の理論が素朴に成立するようになる。

だから、過剰在庫と過剰投資（工場と商店の作りすぎ）は、いわば現在の資本主義経済システムが、避けようにも避けて通ることの出来ない〝宿痾《しゅくあ》〟である。この過剰生産、過剰設備、これらを英語では、総じて、「サープラス」（surplus）と呼ぶ。過剰生産のことを、excessive productivity とか excessive products（イクセシッシブ・プロウダクツ）とは言わない。過剰生産、過剰設備は、すべて「サープラス」の一語である。

以後、この過剰在庫の問題をどうするか、こそは、現在の資本主義社会が抱える最大の問題なのである。これとの対応に企業経営者は忙殺されるのである。売れないで倉庫に積み上がった在庫の処理をどうするかということと資金繰り（資本調達）とで、企業経営者層は、朝も晩も苦しみ抜いている。今もこのことに変わりはない。どの国でもそうである。同じく政府も、根本的には、この国家全体としての過剰生産の在庫、余剰設備を一体、どうやって解決するかに日々追われるのである。

「小泉構造改革」とは、日本の過剰在庫と過剰設備を廃棄処分することに他ならない

小泉政権が、現在悩みぬいているのも、まさしくこの問題である。「小泉構造改革」と

いうのは、この過剰在庫、過剰設備を一体どうやって解決するか、という問題なのである。

2年ぐらい前から、竹中平蔵《たけなかへいぞう》金融大臣による「破綻させるべき製造業40社リスト」とか「70社リスト」というのが出回って、日本社会全体が、ざわめいたのは、この問題なのである。この中には、すでに商売が上《あ》がったりになった大手ゼネコンや流通産業や、債務超過に陥っている金融機関だけでなく、たとえば三菱○○とか、住友○○のような老舗の鉱工業のメーカーまでが含まれていた。

これらの企業は、実質的に破綻しているのだから、さっさと「死刑宣告」した方がいい、というのが、小泉構造改革の思想なのである。それをアメリカ政府が後押ししている。日本ではちっとも流行《はや》らなかったが、これらの業績不良企業のことを「日本のゾンビ企業」などと呼んだ。呼ばれた方の日本の企業には、それぞれ社員3000人とかがいる。彼らが失職して路頭に迷うことを考えると、普通の人なら、沈鬱《ちんうつ》になる。

ところが、小泉純一郎や竹中平蔵のような為政者《いせいしゃ》たちは、そうは考えない。「それらの不良企業を思い切って潰《つぶ》して、日本全体としての過剰在庫と過剰設備を廃棄処分するしかない」と考える。この冷酷さは、見習う必要がある。誰かが悪役、悪者になってバッサリとやらなければならない、と日米の指導者層はかんがえているのである。私だって、この意味では、馬鹿ではないから小泉、竹中に深く同情している。
それでも、なお全体としては、景気循環の枠組みの中で動いているのである。

資本主義社会における戦争の目的は景気の維持・回復だ

前近代資本主義社会（農耕社会）では、約20年に一度の、旱魃《かんばつ》（日照り）か、あるいは異常な多雨によって引き起こされる冷害（異常低温）のために、農産物の収穫が激減する。〝凶作貧乏〟になって飢饉《ききん》が起きて、社会が危機的な状況に陥る。日本でも江戸時代どころか昭和のはじめまで、約20年に一度の飢饉の周期にずっと悩まされたのである。

これに対し、近代資本主義社会では、それとは逆に過剰設備による過剰在庫という〝豊作貧乏〟により社会が危機的な状況になってしまう。これが、現在の資本主義をも苦しめる「サープラス」（過剰在庫、過剰設備）の問題なのである。

だから、ブッシュはネオコンらと共に、アフガニスタン爆撃やイラク戦争を敢行した。そうやって、アメリカ国内のサープラスを減らして、アメリカ国内の不況の芽を摘み取り、景気を維持しようとしている。

今のところこの政策は功を奏している。だから、アメリカ国民は、ブッシュに公然とは文句を言わない。アメリカの「デフレ・ギャップ」（過剰生産のために、商品が売れ残るので、購買力がないこと。だから過剰設備が問題となる）の解決策は戦争で国内産業が軍需産業を中心にしてフル稼働することで、「景気の波及効果」が起きて景気がよくなる。

今のアメリカの好景気の持続はこのためだ。すべては、過剰在庫、過剰設備を中心とする景気循環《エコノミック・サイクル》理論の枠組みで動いているのである。

「景気の波」などという子供でも分かりそうな話に、これほどに大事な秘密が隠されているとは、日本のちょっとしたインテリたちでも思わないだろう。

「景気の波（経済循環）ですべてが決まる」などと書くと、いかがわしい眉唾物《まゆつばもの》の本だ、とはなから嫌われそうだ。しかし、この本をここまで読んでくれた読者は、もう、「景気の波」理論を馬鹿には出来なくなったことと思う。

イラク戦争は、アメリカの過剰在庫を一掃するために行われた戦争だ

さて、前資本主義社会（農業社会）では、飢餓による危機的状況に陥ると、軍事的な強

国が自国の食糧と耕作地の不足分を、周辺の弱小国から奪い取ろうとする行動に出る。そのために戦争が起こる。だから、このような生産物（農産物）の不足を根本原因とする古代や中世の、主要な国家行動である戦争《ウォーフェアー》（warfare）は、〝強奪戦争〟である。

近代以降の資本主義社会では、政府が計画的に需要《デマンド》（demand 国民の購買欲求）を生み出すことで、何とか自国の過剰在庫を減らそうとして努力する。工場の多さが過剰設備とならないようにうまく製品を外国で売りさばこうとする。そこで、他国を余剰生産物の消費地として捌《は》け口にしようとする。そしてやっぱり紛争を起こす。戦争となる。

この過剰在庫の外国へのダンピング（dumping ごみ捨て）を目的にする国家エゴイズムが、やがて他国との憎しみの関係になり、戦争となる。だから近代以降の戦争は、〝消費強要戦争〟あるいは、〝過剰在庫戦争《サープラス・ウォー》〟である。

たとえば大英帝国（The British Commonwealth ザ・ブリティッシュ・コモンウェルス）となったイギリスが、18世紀から19世紀にかけて、インドや中国を相手に戦争を起こして政治的にも直接支配して、植民地にした。その本質は、実は、それらの地域の天然資源の強奪が最大の目的なのではなく、反対に、イギリス本国の工場地帯で過剰に生産されて余ってしまった綿製品などの過剰在庫の捌け口を見つけるためのものだったのである。

イギリス本国が当時の「世界の工場」だったという事実がそのことを物語っている。だからアジア、アフリカ、南米の諸地域を植民地にしたのは過剰在庫をダンピングする先をほしかったからだ、という考えが一番優れた考えであろう。今のロックフェラー石油帝国が石油の過剰在庫を減らすことを宿命（自然法則）としていることに通じる。石油は常に余っているのである。

過剰在庫・過剰設備（サープラス）こそは、現在の資本主義と、先進国家群にとっての最大の病根であり頭痛の種なのである。だから、たとえば、日本のコマツのブルドーザーや、トヨタや日産のランド・クルーザーなどが、破格の安値（定価の10分の1くらい）でイラクに大量に輸出されることになれば、それは日本国内に過剰在庫となって溜まっているものが、戦争（大破壊）のおかげで問題解決される、ということなのである。

三菱重工や、川崎重工のような日本の軍需産業は、アメリカの軍需産業から、新たにミサイルの部品を作る需要（注文）があって、きっとフル稼働で操業していることだろう。

現在（現代と言ってもいい）の数々の戦争も、その根本原因は、この〝過剰在庫戦争《サープラス・ウォー》〟なのである。だからイラク戦争は、端的に〝在庫一掃戦争〟と呼んでもいい。イスラム教の過激派たちとの戦いだ、というのも、だから見せかけである。アメリカ自身が戦争をしないと自国内の過剰在庫と過剰設備問題を解決できないからアメリカは戦争を仕掛けるのであって、まさに、これが「ウォー・エコノミー」なのである。

「文明間の衝突」か？　壮大な消費と需要の喚起か？

アメリカはアフガニスタン爆撃（２００２年11月）とイラク戦争（２００３年３月から）を実行した。このふたつの戦争には出口戦略《でぐちせんりゃく》（exit strategy《エグジット・ストラテジー》）がない、と言われている。「戦争を始めるのはいいが、いつ終わらせて、派遣した米軍を引き揚げるのか」の出口《エグジット》（exit）が見えない、戦略なき愚かな戦争だ」と呼ばれている。

軍事帝国と化したアメリカがイラク戦争を起こした目的は、普通には、「対テロ戦争」（war against terrorism《ウォー アゲインスト テロリズム》）であり、イラクのサダム・フセイン政権の大量破壊兵器開発を口実としたものであるとか、さらには中東地域（Middle East region）でのアメリカの覇権を確立しようとする侵略戦争だ、とされる。あるいは、イラク国民に対する、計画的な上からの強制的な民主化政策《デモクラタイゼイション》（democratization）の推進だと言われる。

そして、総じては、ユダヤ・キリスト教連合と、アラブ・イスラム教共同体（ウンマー・イスラミヤ）との宗教戦争《レリジャス・ウォー》（religious war）だともされる。これを、『諸文明間の衝突』〝The Crash of Civilizations《ザ・クラッシュ・オブ・シビライゼイションズ》〟だとしたのがサミュエル・ハンチントン・ハーバード大学教授が提出した見方である。

これらの要因も無視は出来ない。しかし、私の見方はさらに徹底していて、アメリカ合衆国の本国での「景気の波（経済循環）」の下降曲線を何とか人工的・政策的に阻止しようという〝あがき〟によって引き起こされた戦争である。だからあくまで過剰在庫、過剰設備（サープラス）が原因とする説である。

アメリカは、自国内の過剰在庫（供給過剰）と過剰設備（＝余剰労働力でもある）を何とかしなければ済まない、という切実な動機が原因して、それで、世界規模での、大破壊行動に出ている。だから、このことを指して「ウォー・エコノミー」（war economy）なのだ、と私は再三書いてきた。この考えは、『世界覇権国アメリカの衰退が始まる』（講談社刊、２００２年４月）でもっぱら政治の側面から説明した。それに対して本書では、景気循環論に拠《よ》りながら、説明している。

ウォー・エコノミーとは、まさしく「戦争経済」であり、戦争を仕掛けることによって、そのことで、国内の産業を活性化させ、消費を喚起し、製品の過剰在庫を、外国に持っていって処分することだ。それで、国内の景気の維持を図ろうとする。

この過剰在庫には、当然、兵器が含まれる。封も切っていない、箱から出したなりの真新しい戦車や装甲車や輸送車両を、合計数千台も、湯水のごとくイラクに運び込んで「消費」している。これらの兵器はもはやアメリカ国内に戻す気はない。やがて中古品として、周辺の諸国に５分の１ぐらいの安値で売りさばくだろう。

高性能のバンカー・バスター・ミサイルやトマホーク巡航《クルーズ》ミサイルなどを合計で、緒戦の２００３年の３月だけで１万２０００発も発射して、「消費」している。恐ろしいほどの帝国の消費行動である。こうやってアメリカは、この戦争経済《ウォー・エコノミー》で、現在の迫り来るデフレ＝大不況の危機を食い止め、上手に回避している。

２００４年３月現在で、アメリカの国内消費はいまだに底堅いし、土地（住宅）価格の暴落も始まらず、景気の失速も見られない。それもこれもすべて、戦争経済のおかげである。対外的に戦争を起こすことで、それが世界規模での公共事業（土建屋政治、積極財政）となっている。ただし本書のはじめの方で書いたとおり、公共事業といっても、戦争という名の公共〝破壊〟事業《パブリック・デストラクション・ワーク》である。世界規模での破壊事業である。こういうことは世界覇権国（世界帝国）でなければ出来ないことだ。

アメリカはこういう巨大な無駄遣いをやりたくてやっているのではない。やらざるを得ないからやっているのである。他のあらゆる種類の犠牲を払ってでも、この対外的な戦争で国内のあらゆる種類の製品の在庫を一掃するしかないのである。

イラクで大破壊をやったあとに、今度は、アメリカから資材を持ち込んで、原油と天然ガスのパイプライン建設を中心とする事業に、ベクテル、シェブロン、ハリバートン、ユノカルといった、ロックフェラー財閥直属の大規模建設会社が仕事を見つけて、業績がよくなる。爆撃で壊した橋の架け替えや、ダムの建設や、石油の積出港の建設など、いくらでも需要は生まれる。壮大な「スクラップ・アンド・ビュルド」(scrap and build)である。

この「スクラップ・アンド・ビュルド」（大きく壊して、そのあとに作り直す）こそは、まさしく誰あろう、ジョゼフ・シュンペーターの作った経済思想なのである。

破壊による過剰在庫の処理は北米インディアンも行なっていた

この過剰在庫・過剰設備（サープラス）の破壊による解決の理論は、それを発見した人類学《アンスロポロジー》では、「ポトラッチ・セオリー」と言う。北米のクワキウトル族のインディアンの部族には、自分たちの貴重な財産を年に一度、惜しげもなく火の中に投げ入れて、燃やし尽くして、焼き尽くすことを奨励する奇妙な風習があったという。

これを「ポトラッチ・セオリー potorach theory」と言うが、日本語では、「蕩尽理論《とうじん》」と訳された。この北アメリカのクワキウトル・インディアンという部族の習性の中に観察されたこの特異な行動は、自分の宝物に近いものを、すべて火の中に投じるという一見して不合理な自損《じそん》行為である。そうすることで、次の年の新たな生産活動を喚起する、という行動様式であろう。

この蕩尽理論は、フランツ・ボアス（Franz Boas）というドイツ人でコロンビア大学の教授だった、人類学《アンスロポロジー》の大家が、現地調査《フィールド・ワーク》の中から見つけた大理論である。フランツ・ボアスは、のちに『サモアの曙《あけぼの》』を書いたマーガレット・ミード女史および、優れた日本人分析の大著である『菊と刀』〝Chrysanthemum and Sword〟を書いたルース・ベネディクト女史の二人の碩学《せきがく》の女性学者の先生である。

第四章

すでにアメリカの衰退は始まっている

覇権国家アメリカの衰退は次の恐慌の後に始まる

アメリカは、次章175ページの図からはっきりと分かるとおり、①のコンドラチェフの波によって景気の下降曲線にはいっている。この事実が重いのである。50年から60年を周期とするこの大波動に従うならば、すでにアメリカ帝国は、1990年代を好況のピークにして下降曲線にはいっている。そして、これに⑤のヘジェモニー（ドイツ語ならヘゲモニー）・サイクル（覇権サイクル、100年周期 hegemony cycle）を重ね合わせると、さらにこのことがはっきりしてくる。

アメリカ帝国は、1930年代の大不況の時に、イギリス帝国から世界覇権を奪い取って、この時期から、世界覇権国となった。あれからすでに70年が経った。その後、ソビエト・ロシア帝国（赤色帝国）との覇権競争（世界冷戦構造）が長く続いたが、それでもアメリカの覇権は揺るがなかった。そして1991年12月にソビエト帝国が瓦解して、この覇権闘争に勝利した。

ところが、この戦い（古代ローマ帝国対カルタゴの戦いに擬せられることが多い）に勝利した途端に、アメリカ帝国は、皮肉なことに、外側に敵を失って、衰退を始める。アメリカは、1990年代からヘジェモニー・サイクル上も下降曲線をたどっているのである。

この衰退の傾向を人為や人工によって、阻止することは、どうせ出来ない。そのことは、157ページのコンドラチェフの波の図からも明らかである。アメリカは、1930年代に、イギリス帝国から覇権を奪ったが、まだ世界を管理するほどの力は備わっていなかった。だから、1929年10月からの金融恐慌（ニューヨークの株の大暴落）から国内が大不況に突入して、以来、戦後の1950年代になるまで、景気が回復することはなかった。だからまさしくあの時も戦争がアメリカの不況を克服したのである。

帝国の景気の波は、属国より遅れて下降する

後出の図（185ページ）から分かるとおり、1930年代にアメリカが大不況に突入しても、イギリスはさっさと景気を回復させて、その後も世界を管理する余力を示している。イギリスに対して債権大国となっていたアメリカは、皮肉なことに国内は惨憺《さんたん》たる有様であった。反対にイギリスは、すでにアメリカに対して、大きな借金をかかえた債務大

国に転落していた。今のアメリカと同じだ。それでもイギリスの景気は上向いている。ここが波動理論の妙味である。

イギリスとアメリカの覇権争いは、歴史を振り返れば明らかに、アメリカの勝ちなのだが、それでも当時はそのようには理解されなかっただろう。

日本が、アメリカの不況入り（２０００年3月のＩＴバブル崩壊）に先立つこと、10年で、１９９０年1月に不況入りして以来、長く不況に苦しんでいる。それでは、同じくアメリカに先立つこと10年で、デフレーションから脱出して独自に自力で景気回復に向うことができるだろうか。１４５ページに表したグラフの日本のコンドラチェフの波をつぶさに分析すると、いち早い景気の回復の証拠を、波動の波形そのものから発見することが出来るのか否か。その回答を出すことは、私は、この本では間に合わなかった。

どうもアメリカに引きずられて、日本独自の②のクズネッツ・サイクル（20年周期）も、③のジュグラー・サイクル（10年周期）も、独自には機能しないで、①のコンドラチェフ・サイクルの中に吸収されて、行方不明になっているように見える。日本のこれからを冷静に、先に挙げた五種類の波動から読んでいく作業は、私たちのこれからの作業であってこの本ではこれ以上は出来ない。

ネオコンの凶暴な対外軍事占領政策は国内景気の維持が目的だ

このようなわけで、現在のアメリカ政府（ブッシュ政権）に集まっている「頭脳」たちは、重々《じゅうじゅう》知っているのである。彼ら経済政策《エコノミック・ポリシー》の政策立案実行者（policy makers《ポリシー・メイカー》）たちは、アメリカの景気は、2000年3月の「ネット・バブルの急激な崩壊」をきっかけに、2000年前半ではっきりと下降線に入ったことを熟知しているのだ。あの時、アメリカの株式バブルがピークを打って景気は下降局面に入ったことを皆で確認している。

ニューヨークの株式の史上最高値は、2000年1月14日の1万1722ドルである。あの時から、下がりだして、1万ドルを割って、3年後の2003年の3月には、7524ドルまで下落した。だから、ブッシュは、このあと戦争経済《ウォー・エコノミー》をやって、株価を無理やり押し上げた。それで今は、1万ドル台を回復している。

それで、イラク戦争の最中の2003年の3月から、〝戦勝気分〟になって、株価が押し上げられたものだから、アメリカは今や、「景気回復の第二段階に入った」などと囃《はや》し立てている者たちがいる。

だが、政府高官であり政策立案実行者《ポリシー・メイカー》である彼らには分かっているのだ。アメリカの不況入り（デフレーションへの突入）は、すでに自明のことであって、これを人為や政策でどうにかすることは出来ないのだ、と自覚しているのである。出来ることと言えば、せいぜい、何とか応急措置でいいから、それ以上の激しい景気の落ち込みを防ごうということである。

それで、ネオコン派の凶暴な対外軍事占領政策に不承不承で加担する形で、国内景気の維持を図ってきたのである。これには、アラン・グリーンスパンFRB《エフアールビー》（連邦準備制度理事会）議長も「未必の故意」で、秘かに加担していると言わざるを得ない。

第二次大戦とベトナム戦争によってアメリカは大繁栄期を迎えた

1930年代の大恐慌の時にも、アメリカは、激しい「インフレ・ギャップ」（景気が悪いので、消費者である国民の購買意欲が起きないこと。在庫不足と過少設備のために物価上昇になる）が起きた。しかし、落ち込んだ消費を回復させるための需要喚起策は、まったく効果をあげなかった。ハーバート・フーバー大統領は、伝統的な経済学の理論に従

郵便はがき

料金受取人払

芝局承認

9231

差出有効期間
平成17年12月
31日まで
切手はいりません

105-8790

107

東京都港区芝3-4-11
芝シティビル9階

株式会社ビジネス社

愛読者係 行

ご住所 〒

TEL: ( ) FAX: ( )

フリガナ お名前	年齢	性別 男・女

ご職業	メールアドレスまたはFAX メールまたはFAXによる新刊案内をご希望の方は、ご記入下さい。

お買い上げ日・書店名

年 月 日 市区町村 書店

ご購読ありがとうございました。今後の出版企画の参考に
致したいと存じますので、ぜひご意見をお聞かせください。

書籍名

買い求めの動機

書店で見て　2　新聞広告（紙名　　　　　　　　）

書評・新刊紹介（掲載紙名　　　　　　　　）

知人・同僚のすすめ　5　上司、先生のすすめ　6　その他

書の装幀（カバー），デザインなどに関するご感想

洒落ていた　2　めだっていた　3　タイトルがよい

まあまあ　5　よくない　6　その他（　　　　　　　　）

書の定価についてご意見をお聞かせください

高い　2　安い　3　手ごろ　4　その他（　　　　　　　　）

書についてご意見をお聞かせください

んな出版をご希望ですか（著者、テーマなど）

い、「ほっておけばやがて自律的に景気は上向く」と考えて、事態をほったらかしにしたことに後世なっている。このためにフーバーは批判を浴びて失脚した。

フーバーの失政のあとを継いで登場した、民主党のフランクリン・ルーズベルト政権が打ち出したのが、大規模の財政出動政策による「ニューディール政策」だ。

国家（政府部門）が、自ら大きな借金を背負うことで大規模公共事業を起こして、失業者に職を与えることで、国民の消費を喚起し、徐々に過剰在庫を一掃して、景気を回復させようという政策だ。これが有名な「有効需要の創造」である。

これを超簡単に言うと、日本の土建屋政治（ばら撒き政治。積極財政）であるケインズ政策だ。この財政政策《フォスカル・ポリシー》一点張りの政策が、ケインズ政策である。しかしルーズベルトのニューディール政策だけでは、実際には、景気浮揚には不十分だった。

最終的にアメリカの景気を押し上げることに最も貢献したのは、第二次世界大戦であった。この時も過剰在庫、過剰設備という資本主義の病気を解決したのはやっぱり戦争だったのである。

戦争により膨大な軍需が発生したために景気は回復した。人間の大量死（戦争による戦死、傷病死、民間人の被害）と戦時経済（統制経済《コントロールド・エコノミー》）という犠牲を払って、人類はようやくのことで、拡大された需要で、過剰な設備と過剰な製品供給を吸収して、それで戦後に景気が一気に上向いた。これでアメリカは１９５０年代、60年代に未曾有の好景気の時代を迎える。

その一方で、ソビエトとの冷戦構造に入っていく。核兵器の相互の威嚇《いかく》による、恐怖の均衡ではあったが、それでも経済的には、まさしくコンドラチェフの波（60年周期）そのままに、アメリカは大繁栄期を迎える。それは、次なる「過剰在庫一掃のための戦争」であったベトナム戦争であった。

大繁栄すなわちコンドラチェフの波のピークは、１９６７年から本格化したベトナム戦争 The Vietnam War（正式には１９５４年から75年までの21年間）の時代まで続く。

10年周期の景気循環を発見したのはマルクスだった

③の10年周期のジュグラー・サイクルは、自然条件の天候によって左右される農産物の豊凶を通じて引き起こされる。実は、この10年ごとの景気の波を、ジュグラーよりも先に、発見していたのは、『資本論』を書いたカール・マルクスその人であった。シュンペータ

ーは、マルクスの理論をひどく気にしていた人だが、嫌いだった。それで10年周期の波のことを、ジュグラーに発見の業績があるとして、これを「ジュグラーの波」と呼んだ。

社会主義思想の大成者で大思想家のマルクスは、『資本論』を書きながら、ヨーロッパ全体を約10年の周期で襲う景気の波があることを発見した。気象状況によって左右されるこの10年周期の景気の波が、マルクスの経済思想の土台にある。

そして、天候の周期的な異変によって農村の飢饉と都市の貧困が起きる。それは「絶対的な窮乏化」を生んで、社会不安を醸成し、それがやがてヨーロッパ全土を巻き込む社会主義革命（階級間決戦）になるとマルクスは予言した。この政治的な予言は結果的には当たらなかった。革命は失敗して、そして、ヨーロッパ社会は、貴族とブルジョア（新興市民階級）が管理する資本主義社会のまま現在に至っている。

日本でもこの10年周期は、平安時代からずっと江戸時代、明治時代まで観察できる。ちなみに大飢饉のサイクルなら20年周期である。約10年の周期で冷害や長雨による凶作から、次第に立ち直って、豊作の年が数年続き、また凶作と飢饉が襲いかかっているということの繰り返しである。農業社会では、農産物が中心であるから、「米の出来高」が、当時の世の中のすべての人間の関心の中心である。資本主義が発達するまでは、そういう時代が長く続いた。

江戸時代は、大坂《おおざか》の堂島の米相場が大繁盛したが、この相場は、今で言う「先物相場《さきものそうば》」であり、米相場《こめそうば》は、翌年や翌々年の稲の作柄の出来不出来に依存した。その年の現物《げんぶつ》の米の出来高についての直物相場《じきものそうば》は、幕府によって厳しく取り締まられていたので、成立しなかった。もっぱら先物市場だけである。

江戸時代は、金貨（小判）と銀貨（一分銀、二朱銀）の貨幣の経済も進んだが、それでも人々の経済価値の中心は、あくまで米の生産量であった。幕末にいたるまで日本人は米の出来高と作柄を中心にした生きかたをしていたのである。

陰陽道のバイオリズムが景気波動理論と大きく一致する不思議

最近でも、なお農産物の豊凶は③のジュグラーの波を作っている。これは今の私たちの日常生活をも規律する経済法則《エコノミック・ルール》である。この波は、今なお私たちの生活に隠れた影響を及ぼしている。人によっては、このように考えることに違和感を感じるかもしれない。そんな10年周期のリズムで人や社会が動いているなどと言うのはインチキであり、宗教がか

徳川時代のコンドラチェフ波

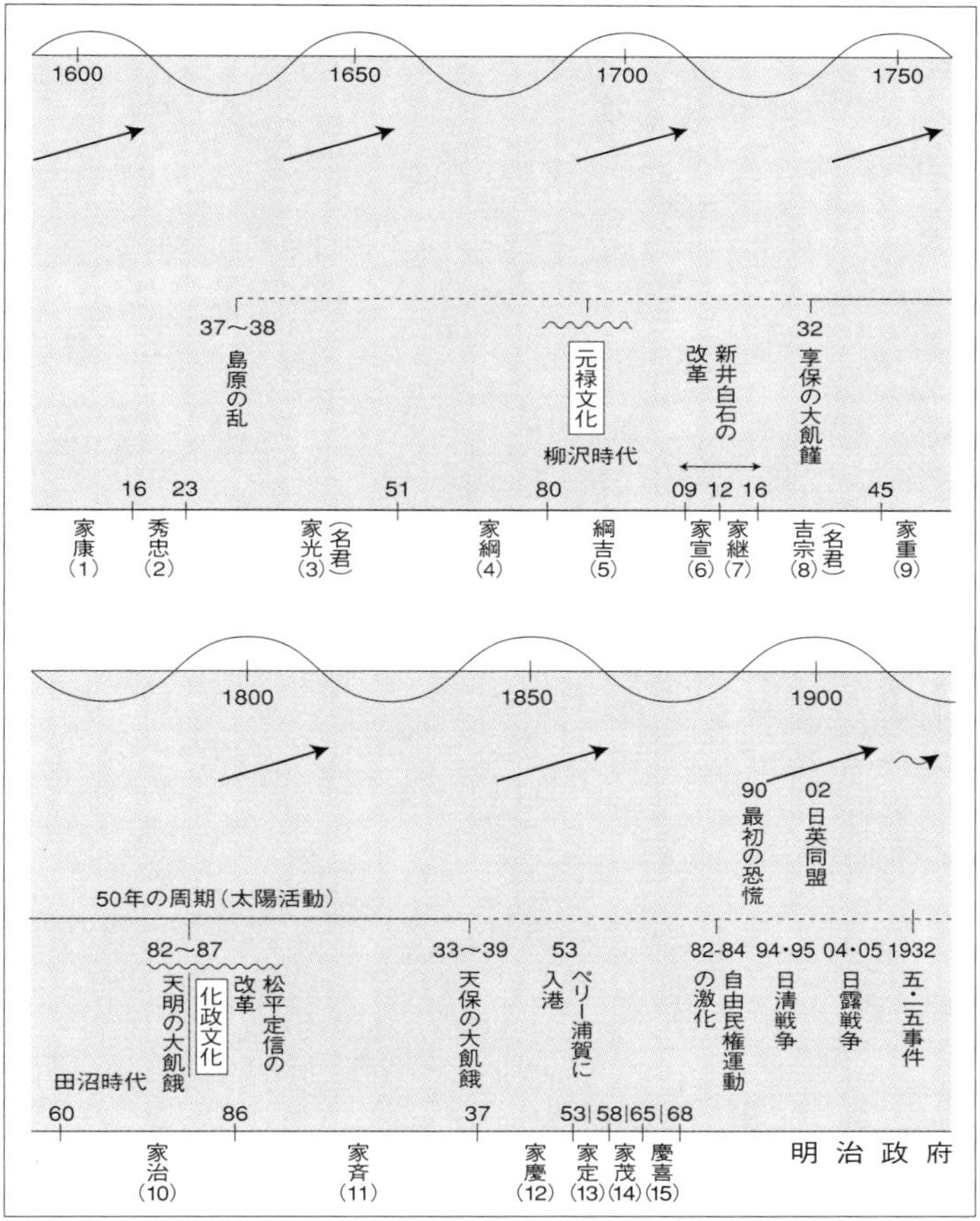

『歴史の波動　経済覇権は循環する』加藤雅　読売新聞社　P 146〜147

この江戸時代の日本の景気循環を研究したひとりに堺屋太一氏も含まれる。

った妄想である、と感じる人も多いだろう。

それでも、実際に、現に、米《こめ》（農産物）の出来高から生まれる周期性の動きが社会に与える景気循環の波が、今日も、当てはまっていると私は思う。だから、ここまで述べてきた主要五波動の動きを自分の思考（思想）の中に組み入れて生きていくことは大切なことなのではないか。景気循環論の有効性や、正確さを疑ったり、その法則性の解明についての議論は、この本ではやらない。

たとえば、四柱推命学《しちゅうすいめいがく》というのがある。この四柱推命の学は、中国の易学《えきがく》（あるいは、陰陽五行《いんようごぎょう》）の一種である。私は詳しいことは知らないが、それらは、陰陽道《おんみょうどう》とか、風水《ふうすい》の思想にも通じているだろう。中国伝来の古代学問である。日本で陰陽道や易学は、古代から民衆信仰として大いに信じられてきたものである。

実は、日本の民衆は、古代（奈良時代）から一貫して、平安時代も室町時代も、江戸時代も、ずっと陰陽道《おんみょうどう》を信仰してきたのである。本当は、貴族だって武士階級だって、密かに陰陽道を信仰している。立派な仏教各宗や神道を信じたというのは公式の表面でのことである。ここまで断言していいのである。陰陽道には陰陽五行と易学がはいる。四柱推命学もこれに属する。陰陽道（風水）こそは日本最大の宗教なのである。これに比べれば、

平成十六年甲申

方位吉凶図　—— 吉神・凶神 ——

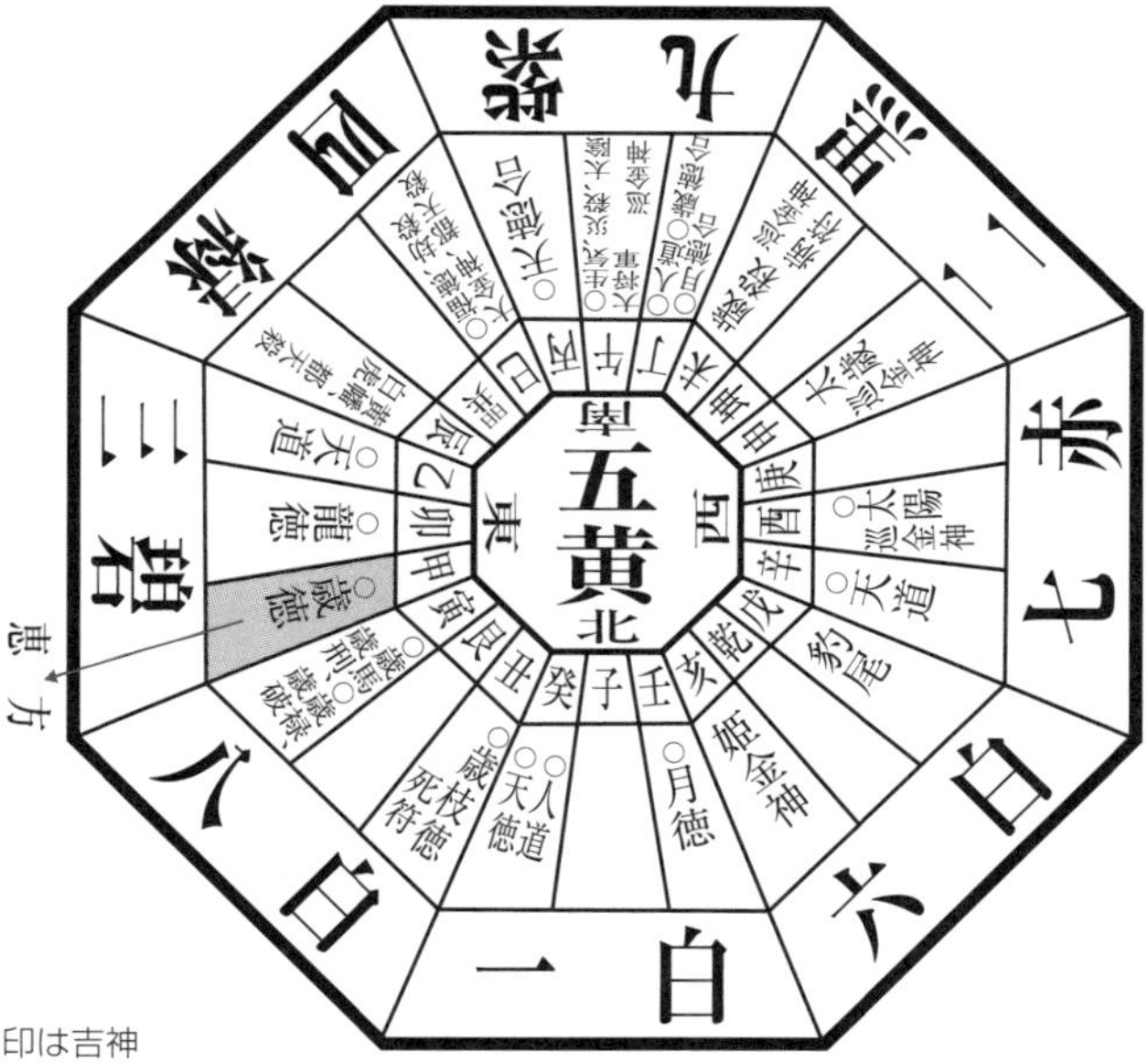

○印は吉神

『平成十六年神宮宝暦』高島易断所本部編纂

易学では六十干支《ろくじゅうかんし》と九星《きゅうせい》（方角）を組み合わせて吉凶《きっきょう》の方位《ほうい》を占う。

本当に仏教も神道もたいしたことはないのだ。今の日本の大学の先生たちの学問と同じで、実社会には何の影響もなかった。

本当に江戸時代に民衆が一番信じたのは、陰陽道なのである。その典型が、東京の浅草の浅草寺《せんそうじ》である。浅草寺では、参詣人はおみくじをひく。お金を払って運勢占いをやってもらって、それで必死に自分の幸運を願う。不幸と災難が自分に襲いかかってこないようにと、用心する。そのために易学者に占ってもらって、自分の将来への不安を減らす。こういう陰陽道の効能を、軽く見て、けなしてはいけない。

人間は、誰しも先のことが不安である。だから神や仏に祈るのである。そうでなければ信仰（宗教）に何の効用があるだろうか。インテリを気取る人間だけは、いつの世も、自分だけは淫祀邪教《いんしじゃきょう》の影響から自由であって、自分だけは優れた人間だと勝手に思い込んでいる。まわりの人はそうは見ない。

オウム真理教に入信したり、北朝鮮のような国で独裁者を崇拝しているような人々をかわいそうで哀れな人間だ、と我々は見下《くだ》すが、果たして、本当に、自分は、そんなに立派で、なにものからも自由なのか？　たとえば、今の私たち日本国民のほとんどは、アメリカのマインド・コントロールにかけられているのではないのか、と自問してはどうか。

六十干支と納音

壬申 癸酉 剣鋒金《けんぼうきん》	庚午 辛未 路傍土《ろぼうど》	戊辰 己巳 大林木《たいりんぼく》	丙寅 丁卯 爐中火《ろちゅうか》	甲子 乙丑 海中金《かいちゅうきん》
壬午 癸未 楊柳木《ようりゅうぼく》	庚辰 辛巳 白鑞金《はくろうきん》	戊寅 己卯 城頭土《じょうとうど》	丙子 丁丑 澗下水《かんげすい》	甲戌 乙亥 山頭火《さんとうか》
壬辰 癸巳 長流水《ちょうりゅうすい》	庚寅 辛卯 松柏木《しょうはくぼく》	戊子 己丑 霹靂火《へきれきか》	丙戌 丁亥 屋上土《おくじょうど》	甲申 乙酉 井泉水《せいせんすい》
壬寅 癸卯 金箔金《きんはくきん》	庚子 辛丑 壁上土《へきじょうど》	戊戌 己亥 平地木《へいちぼく》	丙申 丁酉 山下火《さんげか》	甲午 乙未 沙中金《さちゅうきん》
壬子 癸丑 桑拓木《そうじゃくぼく》	庚戌 辛亥 釵釧金《さいせんきん》	戊申 己酉 大駅土《たいえきど》	丙午 丁未 天河水《てんがすい》	甲辰 乙巳 覆燈火《ふくとうか》
壬戌 癸亥 大海水《たいかいすい》	庚申 辛酉 拓榴木《じゃくりゅうぼく》	戊午 己未 天上火《てんじょうか》	丙辰 丁巳 砂中土《さちゅうど》	甲寅 乙卯 大渓水《たいけいすい》

『平成十六年神宮宝暦』高島易断所本部編纂

古代中国においては、月と日を数える十干十二支《じゅっかんじゅうにし》に五行《ごぎょう》を重ねた六十干支《ろくじゅうかんし》によって年次を立てていた。五行は全部で30個あるらしく、このように60年周期で30の五行が２年連続する。故に60年で一巡することとなる。自然環境変動にともなう人間（人類）の経済循環を表している。これは60年周期のコンドラチェフ・サイクルと同じである。

「そういうことを言う人は、ロシアや中国の考えに染まっている人だ」という拒否反応をするだけで、それで、自分はまっとうな人間だ、と思い込む。それ以上は危険なことだと感じて考えようとしない。人間の信仰の問題を軽々しく扱ってはならない。なぜならそこにはいやが応でも自分自身の信仰（自分が信じ込んでしまっている事柄）の問題が、すぐに出てくるからだ。

浅草・浅草寺は、表《おもて》は、このように明らかに陰陽寺《おんみょうじ》であって、易学の混じった運勢祈願をするお寺である。しかし裏側の奥の方は、徳川幕府の徳川家の菩提寺である上野の寛永寺とつながっていて、こちらは、京都の比叡山延暦《ひえいざんえんりゃく》寺《じ》から来た高僧たちが、天台宗《てんだいしゅう》の、そのまた法華経を奉じる「天台法華《てんだいほっけ》」の大伽藍《だいがらん》である。

天台法華は、加持祈祷で国家鎮護の祈りをする宗教で、これは、顕教に対して「密教《みっきょう》」に属する、秘儀秘伝の仏教である。権力者たちの宗教である。

それに対して、一般民衆が信じていたのが、陰陽道である。ここには、明らかに、経済循環論（景気の波）に似た輪廻転生の永劫回帰《えいごうかいき》の思想が含まれている。そのバイオリズムは、つきつめていけば、西欧の経済学者たちが作り上げたあの五つの波動理論と大きく一致するであろう。

最近は、平安時代の陰陽師を祭った京都の安倍晴明《あべのせいめい》神社が有名だ。私は一昨年、広告業の最大手の電通の研究会で、この安倍晴明神社に参って、そこで、熱心に、運勢占いをやってもらっている女子高校生たちを見て、「やっぱり日本は陰陽道の国だ。今もこの宗教が生きている」と確信した。

特に女性は、自分の力で自分の運命を切り開いていくことが難しいので、それで陰陽道（運勢占い）を信仰する。このことは、洋の東西を問わない。私たちは、昔の人たちの考えを迷信だとか妄信だとか言って軽く見ないで、本気で「本当に信じることのできる未来予測」について、真剣に考えてみるべきなのだ。

だから、私は、欧米で生まれた、先の主要五波動の景気循環の理論は、大きくは、この四柱推命の未来予測学のサイクル理論と、おそらく一致すると睨《にら》んでいる。これまでのところ、私はいまだ本格的に、四柱推命の学や、陰陽五行の陰陽道《おんみょうどう》の勉強は出来ないでいるが、近い将来この領域にも研究の幅を広げたいと思う。

「占い師の、迷信の世界」と馬鹿にしてはいけないなと思う。東洋（東アジア）で生まれた占星術《せんせいじゅつ》の類は、呪術《マジック》であるから「科学的でない」などという者は、この世界を覆う大きな自然法則性（自然の掟《ナチュラル・ラー》 natural law）というものの凄《すご》さを知ろうとしない頑迷な人間である。たとえば、お日様を「太陽」と言うが、あれは大きな陽（幸福）のことであり、陰陽五行の言葉だ。「月、火、水、木、金、土、日」も同じである。

未来予測学である経済学は当たらないという奇妙な定説

そもそも経済学《エコノミックス》というのは、未来予測学である。経済学とは、突き詰めれば、近い未来の景気の予測学である、と私は、前著『預金封鎖―実践対策編』でも書いた。どんな高級な理論経済学（計量経済学《エコノメトリックス》）の秀才たちをもってしても、「経済学は、将来の経済状態の予測学であり、その上であれこれの対策をたてる学問」なのである。

この私の断定に反論できる者はいないだろう。だから、未来予測に失敗するような経済理論だったら、誰も相手にしなくなる。どんなに高等で難解な数学を使った、立派で、緻《ち》密《みつ》な理論で出来ているとしても、それで近未来の予測をはずすようだったら、そんなものはクズである。理論でもなんでもない。難《むずか》しそうに見せかけただけのハッタリ学問である。現実の人間社会を的確に把握して、大きく未来予測（つまり予言だ）に成功しないような学問であったら、そんなものはまやかし（衒学《げんがく》）である。

今の日本の経済学者たちやエコノミスト（官庁エコノミストをふくむ）の近未来予測のほとんどは、この10年間、はずしにはずしまくった。だから、もう、誰も相手にしなくなったのだ。野口悠紀雄《のぐちゆきお》氏の応用工学的な理論も、中谷巌《なかたにいわお》氏の、正統派のケインズ教科書の直輸入による未来予測も、岩田規久男《いわたきくお》氏の財政学と統計学の手法をたくさん導入した未来予測も、大はずれした。

この10年間の日本の大不況入りをまったく理解できなかったのだ。だから、まず財界人たちが失望して彼らから離れた。「なーんだ。なーんだ。あの先生たちの言っていることはまったく、当たっていないじゃないか。一体、アメリカまで何を勉強しに行ったのだ。難しそうな理屈ばっかり言いやがって。私たちが毎日の経営の実感から予測することのほうがずっと当たるよ」と、不評を買った。それで次第に、日経新聞も、この「アメリカ仕込みの」理論経済学の大家の偉い先生たちを大事にすることを避けるようになった。

予測が当たらなくなった経済学者たちほど惨めなものは無い。次々に予測をはずすと、まわりがしらけてしまって、遂には誰も相手にしなくなる。

「経済学は当たらない」という奇妙な言葉が、この10年間の間に、日本のビジネスマンたちの間で念仏のように広まった。

日本の経済学者には近未来の景気予測が出来るのか？

野口悠紀雄氏は、それで、「超整理法」の大先生になられた。ベストセラー本を書いて、机の上の「整理整頓学」の大家になられた。この整理整頓学の真髄が、また、ふるっていて、「自分の生活スケジュールを前のほうから、ファイルにして並べていって、時間的に一番早く来るものを一番端《はし》に置け」というだけのものだ。

そんなことは、本当は、毎日、毎日、あちこちにお呼ばれ（ご招待）で講演をして回っている野口先生のような人にだけ必要な「スケジュール管理技術」なのである。一般庶民で、頭の中にあれこれ整理するほどの中身も大してないような人たちには、そもそも整理するほどの大量の情報や知識もないのである。整理整頓だけしたがる綺麗《きれい》好きの人たちに受けただけだ。

私は、自分も講演会や、各種の異なる内容の原稿を同時に書く必要に迫られるようになって、それで仕方なく、自分なりの頭の中身の整理法を開発する必要に迫られたときに野口悠紀雄氏の超整理法の凄さが、分かった。しかし、それがどうした、という感じだ。経済学者は近未来の景気予測が出来ればよいのであって、整理整頓学の大家になる必要はない。

別のさる有名な日本人の理論経済学者が追い詰められた挙句に、「日本の現実が間違っているのだ。アメリカだったらこうはならない」と、言い放って、それで失笑を買った。

「アメリカだったらこうはならない。日本の現実の方が間違っている」というのは、相当に勇気のある発言である。よっぽどご自分の緻密で精緻《せいち》な直輸入の経済理論に自信があられたようで、「日本の現実」の方を否定し去った。自分の目の前にある現実を否定したらあとに残るのは、空想と妄想からなる自分の頭の中の「仮想現実」だけである。

「理想的な本当の経済社会は、こうあるべきだ」と、きっとその偉い先生は、いきり立って反論したのだろう。自分が日本分析用に完成させて日本に持ち帰った、アメリカ仕込みの高等数学を駆使して作られた高級な経済理論を、日本社会に当てはめてみたら、ちっとも予測が当たらない。それで、「間違っているのは日本の現実の方なのであって（自分の理論ではない）」ということになった。

ここまで日本の経済学者やエコノミストの大先生たちの信用は地に堕ちた。それで、ビジネスマンたちが、「息子を、経済学部にやるな。あんなもの勉強させたって、ちっとも当たらないんだ。クソの役にも立たない」と一部で言い出した。日本経済の没落は、日本経済学の没落（沈没）までも引き起こした。当然のなりゆきであった。

経済学者は結局、象牙の塔に引きこもってしまった

それですっかり国民からの〝信用崩壊〟を起こして、行き場を失った経済学者たちは、「もう、これ以上恥をかくわけにはいかない」と決意して、大学の研究室の中に戻っていった。これを象牙《ぞうげ》の塔《とう》という。何が象牙で出来ているのか私は知らないが、研究室に籠《こも》って出て来ようとしなくなった。

それで何をやっているのだろうか、詳しくは分からないが、ちっとも当たらない自分たちの未来予測に嫌気がさして、それで、自分たちだけで通用する「学会（の中のさらに細かく枝分かれした学会）」の中で、自分たちだけで作った、「あるべき日本の経済社会」に向かって、またぞろ精緻な分析理論を作りあって、自分たちだけで満足しているのだろう。つまり彼らはオタクになったのだ。

もともとオタクだったのだろう。あるいは、ただの教育者だ。学生たちの国家試験の勉

強向けの経済学の教科書を書いて、それで満足している。今の彼らの合言葉は、「私たちは、競馬の予想屋ではない。占い師じゃないんだ。私たちは、科学者《サイエンティスト》なんだ」という捨て台詞である。

競馬の予想屋や町の占い師を馬鹿にしてもらっては困る。近い未来の人間の幸・不幸を占って、それを当てなければ、占い師（易学者）といえども、細木数子《ほそぎかずこ》氏のような高名な占い師にはなれない。占い（近未来予測）もできないような経済学者に、一体、世の中は何を期待できるのか。日本の経済学は死んだのである。

それよりはやっぱり、故・飯田経夫《いいだつねお》氏のような学者は偉かった。彼は、はっきりと書いている。「私が、あちこち講演会に行って、話が終わって、それで、質疑応答になる。そうすると、聴衆の中から、必ず、質問する人がいて、それは、『先生のむずかしい理論はよく分かりませんでしたが、それで、株価は上がるんでしょうか』と聞いてくる。これにはまったく、困ってしまう。私たち経済学者は、株の予想屋ではないんだ。もし、株の予想をやってそれが当たるのであれば、こんな貧乏な経済学者など、やっていませんよ」と飯田氏は、正直に書いている。飯田氏や、高橋亀吉《たかはしかめきち》氏や、池田隼人《いけだはやと》首相の成長経済政策（所得倍増論）の実践の理論場面を支えて、最後には『日本は悪くない――悪いのはアメリカだ』を書いて憤死した経済学者・下村治《しもむらおさむ》氏。あの人たちは本当に偉かった。

それで、最近は、私のような経済学の素人《しろうと》がしゃしゃり出てきて、自分の実感からはじまり、誰もが肌でわかる経済予測をはじめた。どうせ経済学者たちは、私のような雑文家の金融・経済ものの本などはなもひっかけないから、読みはしない。と思ったら、何と、みんなでコソコソと読んでいるというのである。

特に、自分たちの思考の指針を見失った、たとえば日経新聞の30代の若い経済記者たちのような秀才たちが、熱心に私の本を読んでいるようだ。彼らの書く経済記事に私の文章の影響が色濃くにじみ出ているから、それで私には手に取るように分かる。「何だ、この人も私の本を読んでいるのか」ということになる。私が呼ばれて話す講演会の主催者たちが、あとでこっそり教えてくれるのだが、「偉いエコノミストの先生たちが、うしろの方におみえでしたよ」と伝えてくれる。世の中が変わったのである。

90年代初頭、すでに日本がデフレに突入したという指摘

それよりも、返す返すも、思い出すが、今から12年前の１９９２年ごろだったと思う。

大底圏にある日本のコンドラチェフ・サイクル

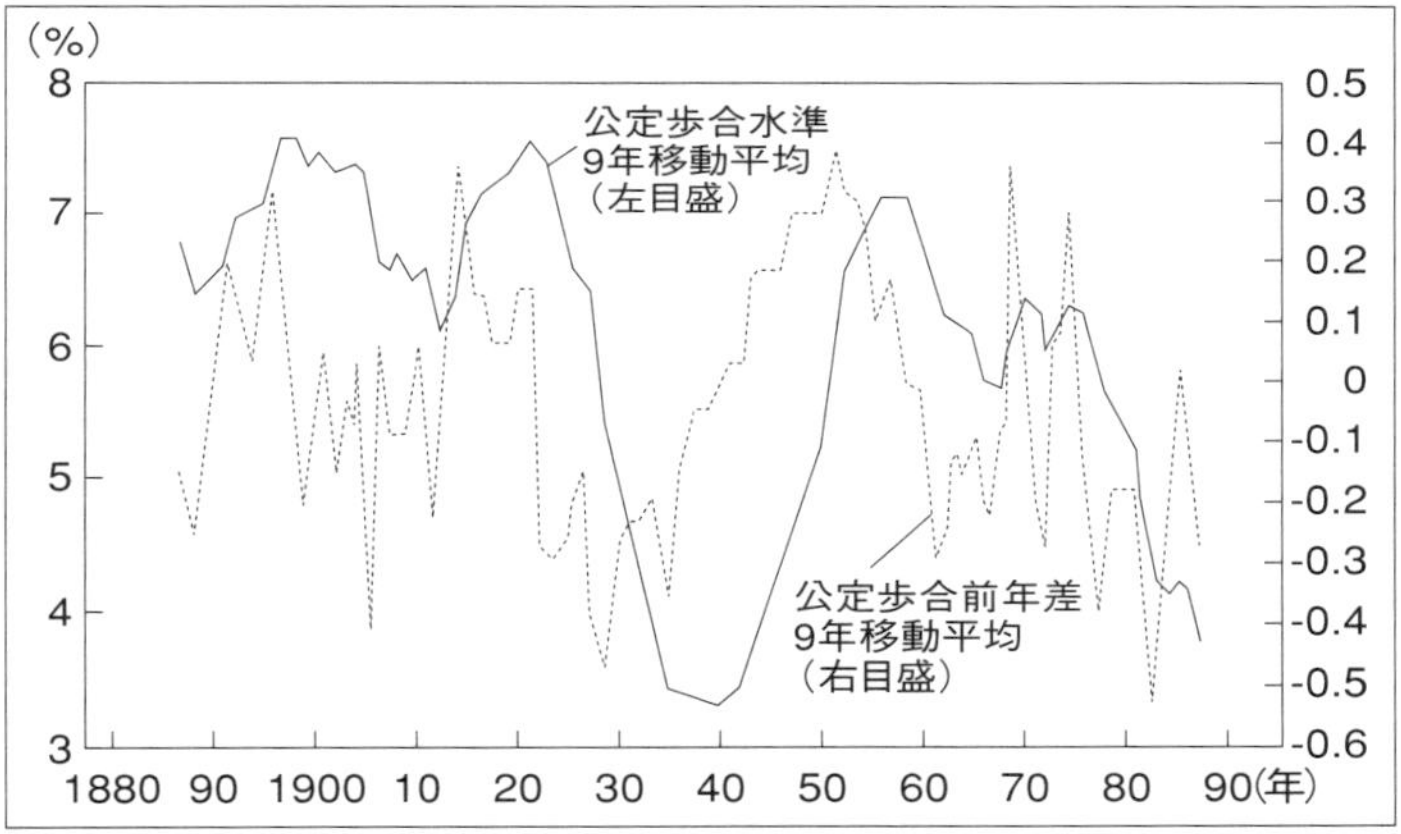

(資料)総務庁統計局監修「日本長期統計総覧」

『繁栄は繰り返す「循環論」で説く2000年までの景気シナリオ』(PHP研究所　嶋中雄二)

公定歩合の推移に60年周期のコンドラチェフの波を重ねると、バブル期以降すでに日本がデフレに突入していたことが、はっきりと見てとれる。

Mary Evans Picture Library / Uniphoto Press

サイモン・クズネッツ(1901〜85)

Simon Smith Kuznets

アメリカの経済学者・統計学者。ロシア生まれ。コロンビア大学卒業後、ジョンズ・ホプキンズ、ハーバードなどの各大学教授を歴任。1949年アメリカ統計学会会長、54年アメリカ経済学会会長をつとめ、71年にノーベル経済学賞を受賞する。国民所得や経済成長の国際比較に関する理論と統計の世界的権威となる。彼が主唱したクズネッツ・サイクルとは、実質国民所得の長期波動を分析することから判明した約20年周期の成長率循環のこと。

リチャード・クー氏が、「今の日本は、デフレ経済なのですよ。もうインフレ経済ではないのですよ」と書き出したことだ。あの時の衝撃は大きかった。少なくとも私が受けた衝撃は大きかった。他の人たちは、官庁エコノミストを含めて、まだこのリチャード・クー氏の発言を理解できなかったようだ。

「日本は、もうデフレーション（不況）に突入したのであって、従来のようなインフレーション（景気加熱による成長型経済）ではない」という発言をあの時に、クー氏が始めたことの驚きは知る人ぞ知る、である。知らない（気づかない）人は知らない。たとえ経済学者たちでも分からない者がほとんどだっただろう。

1992年の時点で、「日本は、デフレーションなのです」とリチャード・クーに言われて、このデフレーションなるものの意味が実感で分かる者はいなかったのではないか。あの時のリチャード・クーは偉かった。さすがにカリフォルニア大学で世界基準の経済学を修めた人だけのことはある。

あの時のクーの日本診断を真正面から学習した日本人がいたら、たいしたものである。いたらすでにあの時から、株式で大儲けしているはずだ。

「そうか。東証の株価は、この先、もっともっと下がるのだ。上がることはない」と読んで、「それでは、〝売り〟から入るべきだ」と咄嗟《とっさ》の閃《ひらめ》きで、それで〝信用空売《から》り〟に徹して、それで、どこまでも、〝先《フューチャー》〟で売り続けて、それで、何百億円でも儲かっただろう。「〝売り〟から入る」というのは、よっぽどの人でなければ出来ないことだった。プロの相場師でなければ怖くて、なかなか出来ない業だ。

日本が世界の相場で惨めに負け続けている本当の理由

それでも、1996年頃からは、平気で「〝売り〟からはいる」ことをする人たちが出てきた。欧米のヘッジファンドのファンド・マネージャーたちほどの、豪胆さは持ち合わせていないだろうが、それでも、「株価は、もっと下がる。もっと下がる」と信念で、売りを続けた人たちは、一《ひと》財産を築いたはずなのだ。

しかし、実際には、その後の10年間で、日本のほとんどの仕手株《してかぶ》の名うての相場師たち自身が、軒並み相場の読みを誤って、滅んでいった。山一《やまいち》證券もつぶれた。日本の株式投資愛好家の98％は、損をしたそうである。本当に儲かった人は一握りもいない。ほとんどの、相場師は、自分の財産をすって、惨めに死んでいっただろう。

日経新聞は、こういう日本経済の重要な真実は、一切書かない。自分自身が、金融博打《ばくち》の胴元《どうもと》（賭場主《とばぬし》、これを英語では house ハウス という）のお仲間であるから、自分たちに不利なことは何も書かない。お仲間の野村證券と一緒に、賭場の開帳と、「明るい清潔な」環境作りに今もせっせといそしんでいる。

鶴田卓彦日本経済新聞社元会長の不祥事もあったが、あれも、私が、睨《にら》んでいるところでは大きな裏がある。ブルーンバーグ証券（今や、ロイターを抜いてプロ向けの金融情報の売り手の最大手）が、裏から糸をひいている。マイケル・ブルーンバーグ（現ニューヨーク市長）という、若くしてニューヨーク金融財界の本当の元締めのひとりである。この恐ろしい人物の手口を警戒すべきである、と皆さんに忠告しておきます。

日本人などは、どいつもこいつも〝甘ちゃん〟である。だから彼ら金融ユダヤ人からみれば、赤子の手をひねるようなものであろう。日本人の中だけで、知恵を働かせてうまく裏をかく、程度のことしか出来ないような者たちは、どうせ太刀打ちできない。

「金融ビッグバン」（1998年10月に、橋本政権の時に、外為法の大改正があって、この時、日本の金融市場が、無理やり〝強姦まがい〟でこじ開けられた）からあとは、「世界が出現した」のである。世界を相手にして、相場を張らなければならなくなったのだ。

それが出来る日本人の相場師たちはいないし、育っていない。だから、コロコロと惨めに負けていったのだ。

向こうは世界最先端のアームストロング砲で、撃ってくるのに、こっちは、江戸幕府軍がもっていたただの鉄の玉が飛ぶだけの旧式大砲である。勝てるはずがない。あのニューヨークの金融ユダヤ人たちの攻勢の前には、まったく歯が立たない。

ここでひとつだけ教えておきます。なぜ、日本の仕手筋（プロの投機家集団）が全滅して、欧米のヘッジファンド（国際金融仕手筋）が凄いのか。なぜ、日本は彼らの〝喰い物〟にされて、「金融敗戦」で大損をし続けるのか。

それは、日本人が世界を知らないからだ。彼らヘッジファンドは、世界規模での「インサイダー取引」をやっているのだ。世界基準での最先端の政治情報や軍事情報まで入手できる。それぞれの国の政権政治家（実力者、民族指導者）たち自身から、直接そういう情報を入手するのではないが、そのまわりにいて、取り巻いている連中から情報を買うのである。それをロビーストという。

ロビースト（lobbyists）というのは、日本の戦前の「院外団《いんがいだん》」のような連中である。元下院議員だったり、有力な官僚あがりだったり、通商問題の元政府高官だったりする。こういう連中から情報をいち早く入手して、それで各種の金融相場を操縦《そうじゅう》する。

これは明らかに違法だが、しかし、違法もへちまもない。勝てば官軍である。この本の巻末に、超優良の運用成績を示している最新のヘッジファンドの一覧表を「袋とじ」で並べてあるので、これらを参照するといい。

景気の循環を見れば、今の景気回復騒ぎは策略だと分かる

日本の株価は、1990年の年初から暴落をはじめて、平均株価が4万円弱だったのが、13年後の2003年4月28日には、何と、6495円という安値までつけた。地獄の底のような暴落につぐ、暴落であった。

株の世界に、「半値、八掛け、二割引き」という言葉がある。どんなひどい株価でも、そこまで下げたら黙って買いに回るべきだ、という格言（過去の教訓から出た言葉）である。この「半値、八掛け、二割引き」を当てはめると、東証の株価（日経平均株価ともいう）は、1万3000円である。そんな「理論価格」も踏み破って、日本の株価は、さらに1万円を割って、遂には6500円まで下げたのである。

今は、それが〝ブッシュ・小泉のクロフォード牧場のお泊まり同盟〟の「政治相場」で、策略的ＰＫＯ《ピーケーオウ》（プライス・キーピング・オペレーション、政府自らの株価操作）で、裏でヘッジファンドどもと組んで1万円台を回復させている。それで今の標語は、「景気は回復しつつある」である。本当にそうか？　〝ブッシュ・小泉のクロフォード牧場のお泊まり同盟〟という言葉の意味が分からない人は、私が書いた『預金封鎖』（祥伝社刊）を読んで下さい。

今や、この言葉は日本の知識人の世界では隠された共通標語になっている、と言っても過言ではない。ただし、表立って言う人はあまりいない。陰で、飲み屋でこそこそと使う。だから、やっぱり景気循環論（景気の波）が凄いのである。景気循環などというあまりに素朴過ぎて、とても経済の科学《サイエンス》（science 本当は、これは「学問」と訳すべきだろう）などではない、と思う人が大半だろう。

だが経済学は、先ほど言ったように、結局は、近未来の経済予測学なのであるから、どうしても、景気の予測の学なのである。ここに高等数学や、コンピュータの複雑な演算式を数百個も持ち込んでも大して役にはたたないのだ。こういうこともどんどん判明しつつある。高級そうな経済理論《エコノミック・セオリー》は当たらないのだ。

それよりも、人間の実感と、生活バイオリズムに根ざした素朴な経済循環論の方が、ずっと未来予測で的中する。だから、私は、この本で、経済循環論に従えば、就中《なかんずく》、コンドラチェフの波に従う。このコンドラチェフの波の波形から今のアメリカの景気（経済）はすでに大きく下降線に入っている。だから今の「景気回復騒ぎ」は、嘘だ、仕組まれた策略だということが分かるのである。

シュンペーターはケインズとマルクスの限界を知っていた

だから、この経済循環論を１９３０年代の大不況（世界恐慌）のさなかに、一生懸命に研究した、ジョゼフ・シュンペーターは、偉いのである。真に偉大なのである。シュンペーター自身は、自分が、カール・マルクスと、ジョン・メイナード・ケインズの間にはさまれて、この二大巨頭には、とても敵《かな》わない、と分かっていただろう。

嶋中雄二氏が次のように書いている。

ところで先述のようにシュンペーターは、「コンドラチェフ・サイクル」と自ら命名した平均五十五年周期の長波と「ジュグラー・サイクル」という名の中波、そして「キッチン・サイクル」という短波、の三つの循環の相互関係により産業革命以来の資本主義の実態を描いた。そして三つの循環共通の動因として、起業家による「イノベーション」を重視、補足的な要因として信用創造を挙げた。いつの間にか、コンドラチェフが長波の「動因」として技術革新（それに農業、金生産、ニューフロンティア、戦争革命）を挙げたかのような論述をそこここで見かけるようになったが、それはシュンペーターによるコンドラチェフ波解釈等を媒介として伝播してしまった大いなる誤解の一つであろう。

『繁栄は繰り返す』（ＰＨＰ研究所刊）

このように嶋中氏が書いている。

すでに、当時でさえ、ハーバード大学の中で、シュンペーターには悪評が立っていた。１９２９年のＮＹの株式大暴落に端を発した大恐慌に対して、何の対策も立てようとしないフーバー大統領の片割れのように見なされていた。それで、ハーバード大の中で猛威を振るい始めていた、「ケインズ革命」の熱狂的な若い信奉者（たとえば、あのジョン・ケネス・ガルブレイスがすでにいた）たちから散々な攻撃を受けた。シュンペーターが、「ほっておけば景気は自然によくなる。政府は何もしないのが一番だ」と唱えたからだ。

しかし、あの当時から75年がたった今、一体、誰が一番、スケールが大きかったか、と考えると、どうもやはり、ジョゼフ・シュンペーターである。ガルブレイスなどは、小賢《こざか》しさだけが目立っていけない。

リベラル派特有の無責任さがにじみ出て、最近、そのことが露呈しつつある。日経新聞の「私の履歴者」に先ごろ連載された、ガルブレイスの自叙伝には、自分が書かなければならない真実の多くから、あえて眼をそらして、自分の人生の調子のいい面だけを書いている。たとえば、自分の教え子であり、自分が駐インド大使として仕えたジョン・F・ケネディ大統領が殺された事件の、裏側の真相を知っているくせに、さらりと逃げて何も書かなかったに等しい。ずるい人間だ。偉大な思想家だったと後世で呼ばれるには、突き詰めた正直さがなければならない。それがガルブレイスにはない。私は最終的に彼に失望した。

それに比べて、シュンペーターは本物である。ケインズとマルクスの間に立って、真に真正面から懊悩《おうのう》し、呻吟《しんぎん》している。あの時、どうやって人類が直面した激しい恐慌から脱出できるのかを、ひとりで悩み抜いている。ケインズもマルクスも大嫌いだし、この二人の経済思想では、もはや、事態は解明されないし、処方箋（対策）は立たないのだということがシュンペーターにだけは早くもあの当時から、分かっていたのである。

ケインズの「有効需要の創造」理論、つまり、公共事業主体の土建屋政治（積極財政）で、不況を乗り切る政策理論でも、マルクスの「絶対的な窮乏化」理論に基づく社会主義革命でも、真の解決にはならないのだ、とシュンペーターは知っていた。だから、シュンペーターは、景気循環論（景気の波）の思想を追究したのである。

人類と資本主義の病をシュンペーターは鋭く見抜いた

このシュンペーターの予言が、今になって重要になっている。今の世界は、どうしようもなく、袋小路に入りつつある。過剰在庫と過剰設備（供給過剰、物を作っても売れないサープラス）の病気から抜け出せなくなっている。

だからブッシュたちは、「9・11米中枢テロ事件」のような大掛かりな演出の仕掛けまで作って、国民を扇動して、アメリカ国民を戦争態勢に引きずり込む。アメリカを戦時体制の国に変えて、それで、諸外国に戦争を仕掛けて大破壊公共事業をやるしか他になくなっている。まさしく軍事ケインズ主義である。それしか他に手がない、ということである。ここにも、過剰在庫と過剰設備を破壊しなければ、次の新しい需要が生まれない、という、シュンペーターが鋭く見抜いた「人類のサープラス病」が見られる。

日本の小泉にしてみても、竹中金融大臣と語らいながら、「この40社の大企業さえ潰せれば、日本国全体としての過剰在庫と過剰設備（サープラス）を解消できるのだが」と、嘆息している。ここに「小泉構造改革」の真髄がある。

為政者、政策実行者というのは、無残なものである。だから、おそらく、ブッシュや、その忠実な子分である、小泉＝竹中のやっていることは、「正しい」のであろう。シュンペーターが唱えた、「サープラスの解消」を「イノベーション（技術革新）」の力《ちから》を梃子《てこ》にして、「スクラップ・アンド・ビュルド」（破壊とそのあとの再生）の動きとして正しく理解しているからである。

そして問題は、この先である。はっきりしていることは、このシュンペーターが洞察した、人類の「サープラス病」からの脱出の経済学が新たに誕生しなければ、人類は今後も、「不況か、戦争か」の二者択一で苦しみ続けるということである。

ケインズもマルクスも、どちらの思想も、駄目なのである。すでに１９３０年の時に、このふたつの大経済思想が、現実への処方箋（対策）にはならないのだ、ということがはっきりしたのだ。それから75年である。シュンペーターの偉大さは、はやくも、１９３０年の時点で、このことを見抜いていた、ということである。

自然の法則に逆らうインフレ・ターゲット論の欺瞞

だから、私は、ここで、現在、「インフレーション・ターゲット論」を強く唱えている愚かな経済学者やエコノミストたちに対しても、言っておかなければならない。

彼ら「インタゲ」論者たちは、お札をもっともっと刷って、市中に流して、そして、国債ももっともっと大増刷して、それで、今のデフレーションから脱出すればいいのだ、と唱える。ポール・クルーグマンが6年前から唱えだして、日本の経済政策の処方箋《しょほうせん》としても、この「インタゲ」政策を実施せよと、迫った。日本国内にも多くの追随者が出て、それで、彼らは、「デフレを緩やかなインフレに変えることこそは、経済政策としての正義だ」とまで言い出している。

それに対して、「そんなこと、できるものならやってみろ」と私は書いてきた。そのような無理やり、デフレ（不況）を、お札と国債を、実物資産の裏づけもなく、違法に刷りまくって、それで、人工的に、インフレに変えればいいのだ、という、この乱暴な理論が堂々とまかり通っている。「インタゲ」論などという、社会工学《ソシアル・エンジニアリング》で、人類（人間社会）の法則が変更されることなどありえない。

アメリカの主流派の経済学者たちも、不況からの脱出に対しては、インタゲ論者である。しかし、実際には、いくらお札を刷りまくって流しても、デフレ状態からは脱出できない。人間が、「神の定めた掟」（自然の法則《ナチュラル・ラー》 natural law）に逆らって、人為的に不況から脱出させようとしても、どうせ出来ることではない。

刷り散らしたお札は、資産家たちの「タンス預金」となって、隠し込まれてしまう。このインタゲ論に賛同した日本人経済学者たちは、今は、なぜか恥ずかしそうに奥に引っ込んでしまって、もう表に出てこない。これ以上、恥をかきたくない、ということだろう。

小室直樹だけが指摘したシュンペーターの重要性

私は、かつては、尊敬していたミルトン・フリードマンにも、この何年かで失望した。

「マネタリスト（monetarist）経済学」を自分で創造したに等しいシカゴ学派のフリードマンの経済理論は、ケインズ経済学の欠点を批判して、それを乗り越える理論であると信じ込んでいた時期が私にもある。

しかし、それも嘘であった。フリードマンは、ケインジアン・グローバリスト（リベラル派のネオコンであるジェフリー・サックス・ハーバード大教授。彼が皇太子妃雅子様の指導教授《メンター》であった）たちに上手に取り込まれて、マネタリズム（monetarism）理論そのものが、悪質なグローバリスト・モデルの一部になってしまったのだ。

東欧諸国が、ソビエトの崩壊以降に、アメリカの手助けで「民主化＝市場経済化＝資本主義化」する時に、フリードマンのマネタリスト理論がサックスやラリー・サマーズに悪用されて、それで、結局、旧東欧諸国は、貧しいままの国になって、アメリカの属国群の中に組み入れられていった。

フリードマンの「マネタリスト・ポリシー」と、マネタリー・ポリシー（金融政策）は別物であるはずなのに、これらは混同されて使われるようになってしまった。フリードマンは、自分から進んで、ケインジアン（ケインズ主義者）と野合《やごう》していったのである。

私は、現在90歳を越した高齢のフリードマンが、同様に高齢のポール・サミュエルソンが唱えるのならともかく、日本に向かって、やっぱり、この「インタゲ」をやれ、それしか手はないのだ、と提言した時に、大きく失望した。やっぱり、フリードマンは、自分の先生のフリードリッヒ・フォン・ハイエクが言ったとおり、「フリードマンは、ケインズ学派に騙された」のだ。それだけでなく、マネタリー・ポリシー（金融政策）の面で、ケインズ経済学の政策体系を悪質に補完してしまったのだろう。アルビン・フィッシャーの貨幣数量説にフリードマンが固執したのが致命的であった。これ以上のことは、今は、ここでは書けない。

だから、やっぱり、今、他の誰よりも、経済学者としては、ジョゼフ・シュンペーターが一番大切なのである。シュンペーターの書いていることが、今の私たちの置かれた現実に対する議論の枠組みとして、一番、しっかりしている。

実は、日本でシュンペーターの凄さをはっきりと知っている学者がいる。それは、私の先生でもある、小室直樹《こむろなおき》博士である。小室直樹だけが、シュンペーターの投げかけた問題の重要性を知っている。そしてそれが、今の日本とアメリカにとって、きわめて切実であることを見抜いておられた。

10年ほど前から、小室先生は、「今こそ、シュンペーターを勉強しなければならない。

シュンペーターこそが重要である」と盛んに言い始めた。私は、このことに最近、深く思い当たる。さすがに日本で天才学者と呼べるのは、小室直樹だけである。あとの人たちは、もういいよ、というのが私の本音である。

最も重要な理論が、その危険さゆえに異端視される

景気循環論は、このように経済学の重要な一分野ではあるが、実は、経済学の中の異端の学として始まったものである。いわゆるお上品でまともな理論経済学者や、経済学徒であれば、景気循環論には、手を出してはいけない、とされる。そういう棲み分けの世界なのである。

これは、法学（＝法律解釈学）との類推でも言えることだ。法律学では、契約法（物権と債権の法律）の研究が王道であるとすれば、それにべったりと裏側からはりつく形の不法行為《トート・ラー》（Tort law）と呼ばれる一群の、法律学の分野がある。これは、交通事故や詐欺や犯罪を解決するための「損害賠償の原因となる法律」の分野である。法律学（民法学）の中では、裏街道というか、邪道の世界である。それなのに実際には一番使われている。

これと同じで、政治学の分野でいえば、その裏街道の、悪魔の学は、地政学《ジオ・ポリティックス》（geopolitics これをドイツ語で言えば geopolitik ゲオポリティーク）であろう。歴史的には地政学は立派に政治学《ポリティカル・サイエンス》（political science）の一部なのだが、その〝生来の危険な性格〟のゆえに、いたずらに忌避されて、堅気《かたぎ》のお上品で、偽善的な主流の政治学の世界からは一方的に卑しめられ、追放されている。ところが、国際政治学の分野では、この地政学を使わないと、何も解明できない。地政学こそは国際政治学そのものなのである。

日本の大学では、アメリカの日本支配管理人《ジャパン・ハンドラーズ》たちによって地政学を研究することは、意図的に禁圧され監視されてきた。地政学と軍事学を、これからの日本人は政治学の中心として本気で研究しなければならないのである。

なぜなら、この日本管理対策班の連中自身が、大きくはネオコン派＝グローバリスト（世界をアメリカの力で管理・支配・教育するという思想）であるから、本当は彼らこそは地政学者なのである。このように、地政学と政治学の関係の中に、政治学そのものの隠された秘密があるのだ。だから当然に、私の唱導する『属国・日本論』も、大きくは地政学の一種なのだ。

キチン・サイクルしか見えていない日本のエコノミストに景気の予測は不可能だ

このことと同じことが、経済学の一分野であるはずのこの景気循環理論には見られる。まさしく景気循環論は、経済学の一分野なのに、ゲテモノ扱いされて、さげすまれてきた。立派な経済学者と呼ばれる者たちの間では、景気循環論に基づいて、景気予測をすることは、今でも邪道なのである。

ところがそのくせに、どんな理論経済学者も、エコノミストも、みな日頃は、平気で、景気循環論的な発言をしている。それしか他には、日々の現実では経済学の有効性などないというぐらいの隆盛《りゅうせい》ぶりである。それなのに、この景気循環理論の五波動については、恐ろしいぐらいに、誰も基本の勉強が出来ていない。

おそらく、日本のエコノミストと呼ばれる連中の大半は、無意識のうちに、④のキチンの波（3～4年周期）の景気の波で、自分の経済予測をやってきたのではないか。この波動は、「在庫循環」の波である。いくら不景気で物（商品）が売れないといっても、3年から4年もたてば、企業の在庫は自然と減って、それでまた景気が良くなるのだ、と思い込んでいる。今でもそうである。

だから、もう14年も続く日本の大不況に対して、まったく有効な予測が出来なかった。「もう回復するだろう。もう、そろそろ大丈夫だ」という希望的な観測だけを頼りに、何の根拠も無く、「日本経済は、力強く復活する」と論じて、それで、何度か大恥をかいた。

そういうことの繰り返しだ。

彼らには、③のジュグラーの波（カール・マルクスの波、10年周期）も分からなければ、②のクズネッツの波（20年周期）も分からない。ましてや50年から60年の周期である①のコンドラチェフの波など自分の頭の思考力の範囲外である。そこに持ってきて、１００年単位の、世界政治がらみの⑤のヘジェモニーの波（世界覇権サイクル）のこととなると、何のことだか宇宙の話のように思うだろう。その程度の人々だ。

だからこの14年間、経済の専門家を名乗りながら予想の大きなところをはずし続けたのである。それで、またぞろ、夢よもう一度、で、すがりつくような気持ちで、「日本経済は回復期に向かっている。景気回復の兆しが見える」などと書き始めた。

第五章

今やあらゆるサイクルが下降局面を示している

コンドラチェフ・クズネッツの両サイクルの混合から「山」と「谷」を算出

ここからは、五つの波動が、混合した場合の複雑な波形について簡単に説明しよう。

①のコンドラチェフ・サイクル（60年周期）と②のクズネッツ・サイクル（20年周期）の二つの波が混合する場合の波形を見てみよう。

コンドラチェフ・サイクル（60年周期）の「ピーク（山）」と「ボトム（谷）」の波動は、このサイクルの発見者であるロシア人のニコライ・コンドラチェフ Nicholie Condrachevによれば以下のようになる。

（1）第一波動　1785年（谷）〜1814年（山）〜1849年（谷）
（2）第二波動　1849年（谷）〜1873年（山）〜1896年（谷）
（3）第三波動　1896年（谷）〜1920年（山）

の三つの波動である。

アメリカのコンドラチェフ（長期）の波から分かること

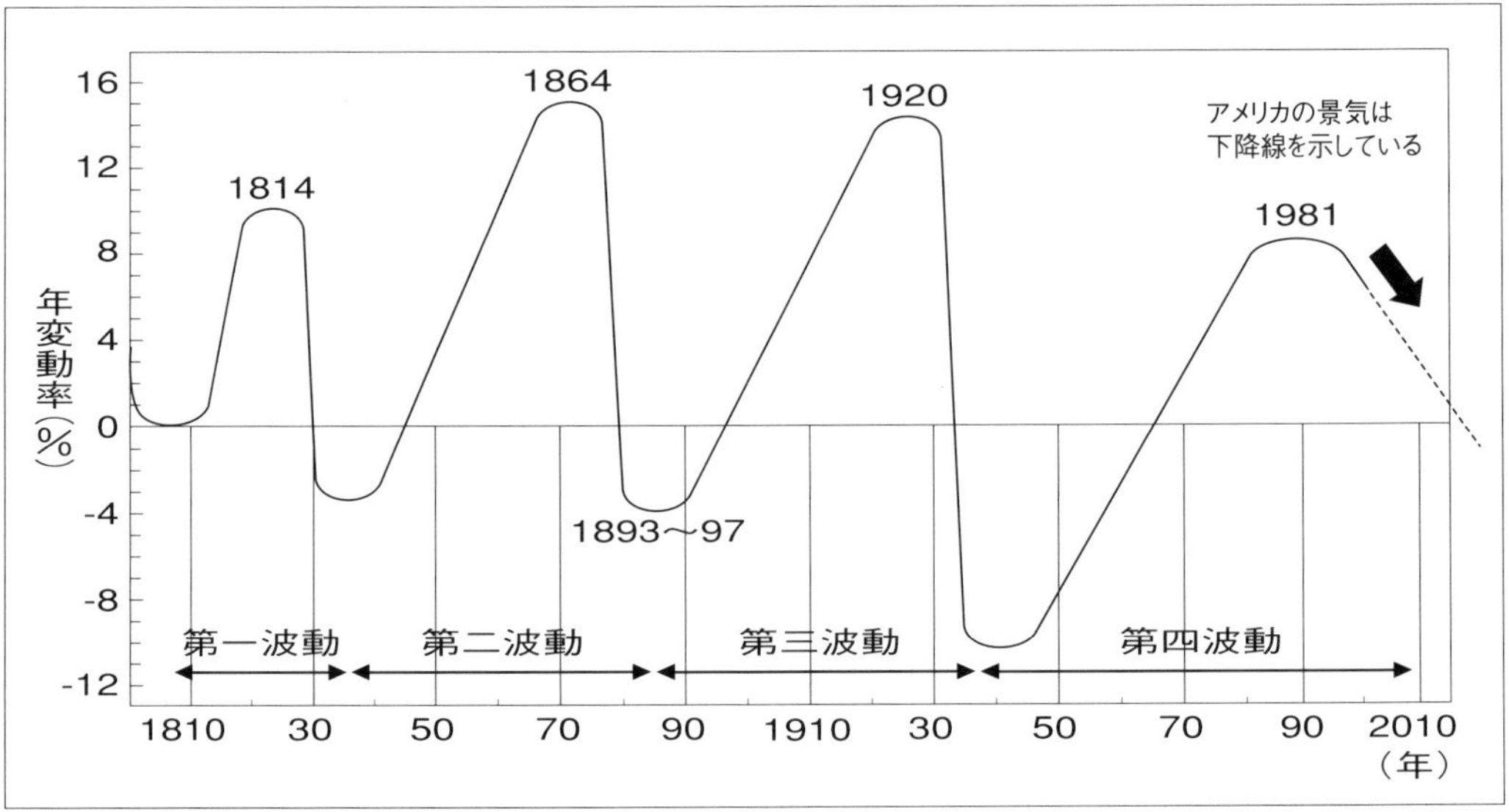

この図は97ページの図をさらに概観したものである。この図から明らかに分かるとおり、アメリカの景気の波は下降線を描いている。この波を政府が政策で変えることはできない。

ただ、この理論の創始者であるコンドラチェフ自身が、１９３８年（？）にスターリン独裁政権下で処刑されてしまった。そのために、その後のサイクルの推移については多くの経済学者の推定によるしかない。

ここで（３）の「第三波動」の終局点を、１９３０年代の大恐慌で最も景気が落ち込んだ33年前後とするのか。それとも第二次世界大戦が終わった１９４５年ないし戦後世界体制が出来上がった49年を採るか、で見解が分かれている。

私は、個人的には、確かに単純に経済成長率だけをみるなら、１９３０年代前半が最も景気が低迷して波が低いので、ここが「谷」だろうと考える。しかし、より政治的・社会的変動を重視するのであれば、不況のどん底を、戦争の真最中の１９４０年代とする説を採用したい。

そして、（４）の「第四波動」の山としては、１９７０年代前半の、第一次オイルショック（73年）のころを採るか。それとも１９８０年前後の第二次オイルショック（79年）のころを採るかが問題となる。

私は、個人的には先ほど述べたように、１９７１年８月15日のニクソン・ショックにより、それまでのＩＭＦ体制（＝ドル・金兌換体制）が崩壊して、その後、「修正ＩＭＦ体

波の合成

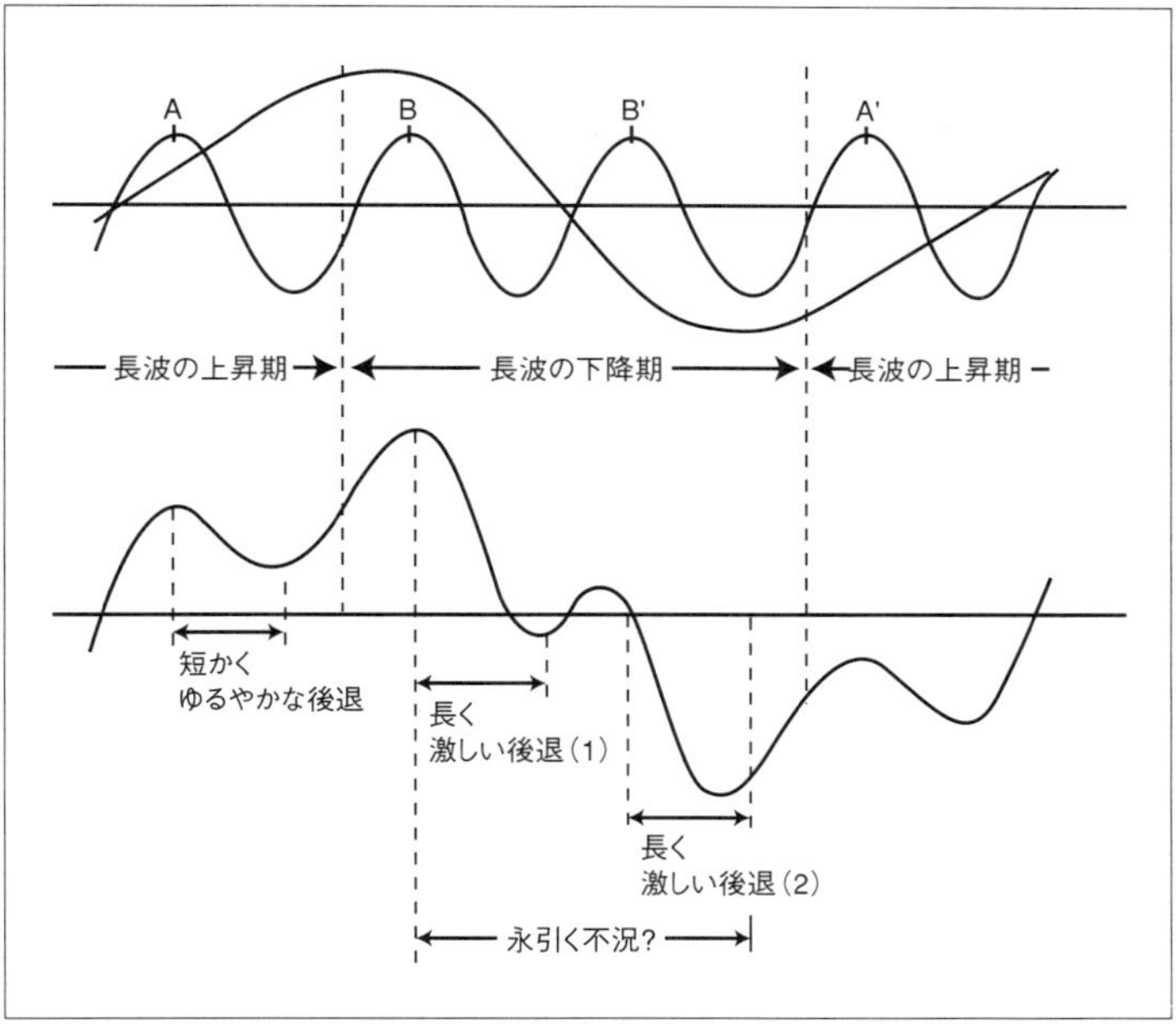

『歴史の波動　経済覇権は循環する』（加藤雅著　読売新聞社）

制」（＝ドル・石油担保体制）に移行したのだから、そうした意味では前者の１９７０年代前半を「第四波動」の山とする考えを採りたいところだ。

ただし、コンドラチェフ・サイクルは、約50～60年周期の経済の長期波動だから、山や谷についてはある年を特定するのは不可能である。ここには、さらに細かく10年程度の幅をもたせるべきだろう。

そこで、さしあたりコンドラチェフの死後の景気の循環のサイクルについては次のように定めることにする。

（4）第三波動　１８９６年（谷）～　１９２０年（山）～　１９４５年（谷）
（5）第四波動　１９４５年（谷）～　１９７３年（山）～　２００５年（谷？）

このように、ここにコンドラチェフ・サイクルから、重要な事実が浮かび上がってくる。

来年の２００５年前後と想定される谷に向かって、コンドラチェフ・サイクルが景気の大底《おおぞこ》を探っている局面にあると考えられるのである。

両サイクルの混合から現れる四つの局面

そこで、前述したブライアン・ベリーが試みて用いたように、①の60年周期のコンドラチェフ・サイクルに加えて、これよりも短期の②のクズネッツ・サイクル（20年周期）を組み合わせると、新たに、次の四つの局面に分類できる。

（1）「インフレ成長期」――コンドラチェフ・サイクルの初期の上昇局面にクズネッツ・サイクルの上昇局面が重なった状況。ここでは、物価が緩やかに上昇していくなかで安定的な経済成長軌道をたどる。

（2）「スタグフレーション期」――コンドラチェフ・サイクルの後期上昇局面にクズネッツ・サイクルの下降局面が重なった状況。ここでは物価上昇が激しくなりインフレ的な過熱感が強まる。その中で実質ベースの成長率は、物価上昇率が大きいためにむしろ低下する。これこそは、篠原三代平氏が「資源制約のカベ」と呼んだ局面である。

（3）「デフレ成長期」——コンドラチェフ・サイクルの初期下降局面とクズネッツ・サイクルの上昇局面が重なった状況。ここは、それほどデフレ圧力が強くない、いわゆる「ディスインフレ期」である。この「ディスインフレ期」のなかにあって、景気が下押しする圧力をなんとか緩和しようとして、政府は金融緩和策（金利の引き下げと通貨発行量の増大）を推進する。そうすると、余剰資金が一般財ではなく、資産市場の方に流れやすくなり、ここでバブルを生成・発展させることになる。すなわち「過剰流動性」が猛威を振るい出す。やがて資産効果（不動産価格の高騰）から、高成長となり、実質ベースの成長率は、（1）の「典型的なインフレ成長」の局面に匹敵する。

（4）「デフレ不況期」——図から分かるとおり、これはコンドラチェフ・サイクルの後期下降局面と、クズネッツ・サイクルの下降局面が複合して重なった最悪の状況である。（3）の「デフレ成長期」の局面で生じたバブルが破綻し、資産価格が急落

コンドラチェフ・サイクルとクズネッツ・サイクルを組み合わせたモデル

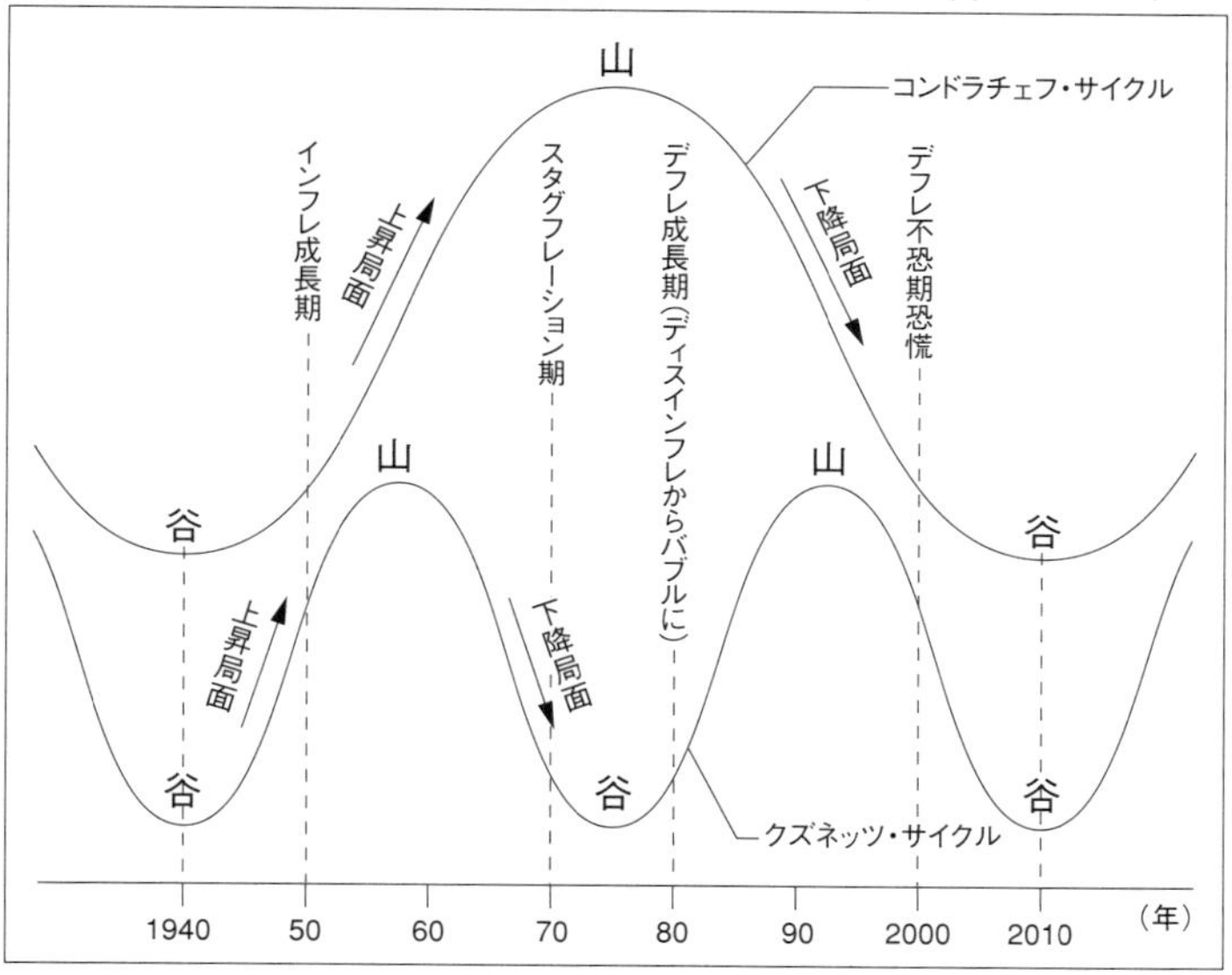

大きな波と小さな波が重なるときに同じ向きにあるときは増幅し、互いに逆向きのときは力を打ち消し合う。

する（不動産価格の下落）なかで、多くの経済主体がバランス・シート調整に苦しむ。このあと、さらにデフレが激しくなって、やがて恐慌に見舞われやすくなる。

60年代、黄金期を迎えたアメリカは「第四波動」にあった

このコンドラチェフ・サイクルの直近の「第四波動」においては、アメリカでは1950年代の安定成長局面を経て、60年代には「ゴールデン・シックスティーズ（黄金の60年代）」と呼ばれる黄金期を迎える。この好景気の頂点の時期による、安定的な経済成長をアメリカは謳歌した。

ちょうど、このころ日本で高度成長経済が始まった。そしてこの成長は、70年代初めまでずっと続いた。日本では、60年代にはいると、その前の50年代の「神武景気」や「岩戸景気」を上回る「いざなぎ景気」を現出した。

この時期が、(1)の「インフレ成長期」である。ところが70年代になるとアメリカの〝ドル垂れ流し〟政策がひびいてくる。アメリカはベトナム戦争に深入りし、戦費調達の財政費用を捻出するために、この〝ドル紙幣の垂れ流し〟が極限状態になる。

アメリカにおけるコンドラチェフ波とクズネッツ波

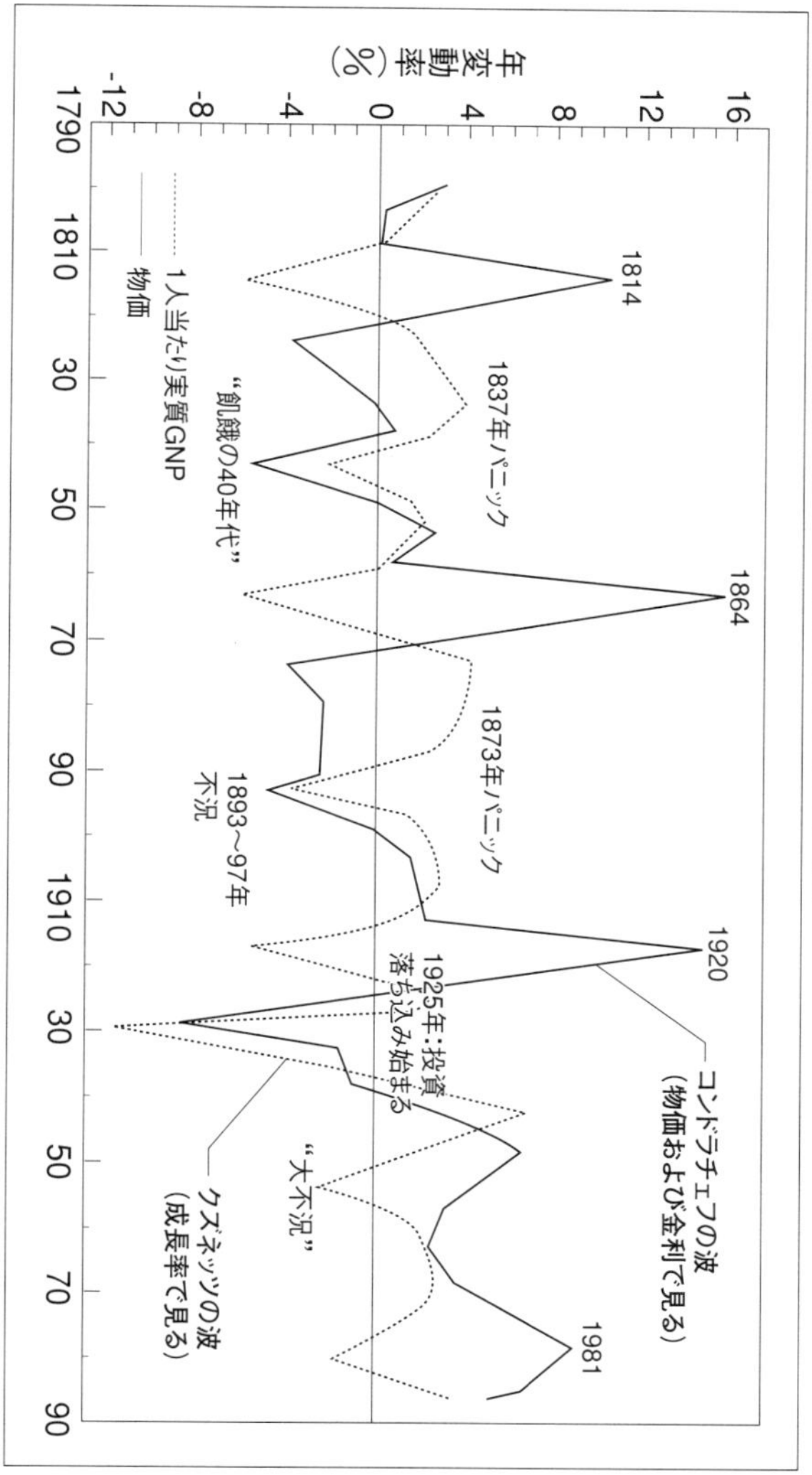

（出典）：Brian J. L. Berry, Long-Wave Rhythms in Economic Development and Political Behavior, Johns Hopkins University Press, 1991. p.118. 小川・小林・中村訳『景気の長波と政治行動』（亜紀書房、1995年）p.166

『戦後50年の景気循環　日本経済のダイナミズムを探る』（日本経済新聞社刊　篠原三代平著）

アメリカ政府は、財務省の輪転機を回し続けて、必要とする限りのドル紙幣を作って、それで外国との取引の決済に使った。このために、アメリカの通貨信用力《サステイナビリティ》が徐々に下落する。このあと、サウジアラビアを中心とするOPEC《オペック》（石油輸出国機構）の石油価格引き上げもあって、第一次オイル・ショック（1973年）により、アメリカ国内は激しいインフレに襲われた。

この結果、当時まだ、依然としてそれまでのアメリカの主力基幹産業であったとくに鉄鋼や造船に代表される重厚長大産業は、もともと高コスト体質だったために、大きな打撃を受けてしまい、実質ベースの成長率がマイナスに転落する。

これが「不況の下での物価上昇」という意味の〝スタグフレーション〟である。この時、(2)の「スタグフレーション期」を迎えた。やがて、80年代初めのレーガン政権時代、当時のポール・ヴォルカー議長率いるFRB（連邦準備制度理事会）が、徹底した高金利政策を推進した。アメリカの公定歩合やFFレートを年率12％にまで誘導するという厳しい「景気の火を消す」消火活動である、金利政策を取った。この徹底した高金利政策のために、遂にインフレ退治に成功した。しかし、その代償として景気低迷状態がその後も長引いてしまった。たとえば、アメリカの一般国民にとっての住宅ローン金利が、年率20％

を超えることが当たり前の状態が続いた。

バブル絶頂期、日本はすでに「デフレ成長期」にあった

アメリカは、こうしてインフレ状態を克服すると、80年代後半のレーガン政権の第二期目には、1985年9月の〝プラザ合意〟を契機とする「ドルの大幅切り下げ」を日本とドイツに対して暗黙のうちに催促して自らも容認した。これでアメリカ政府の貿易赤字（経常利益）と財政赤字の負担は実質的に軽減され一息ついた。しかし、その副作用として、やっぱりドル通貨の危機に転化した。

米ドルの信用力は激しく揺らいだ。その結果、続く1987年10月に、ニューヨークの株式が、一瞬暴落をした。ダウ平均株価で、1000ドル以上、暴落した。この時、日本の竹下登首相は、レーガン政権を助けるために、日本の資金で官民あわせて盛んにドルを買い、米国債を買った。

その時以来、日本はアメリカに対して巨額の債権を保有する国となった。このようにして対米債権国となった日本は、さらに政治・軍事的にはアメリカへの依存を深めることに

なった。お金を貸している方が、借りている方に追随するというおかしな関係になっていった。アメリカにしてみれば、日本からの資金は、自分たちが生き延びるのに必要な大事な「財布がわり」だから、日本を「愛人」にして手放そうとはしなくなった。〝日米の抱き合い心中〟の構図がこうして生まれたのである。

アメリカの金融危機（ドルの信用不安）を救済するために、1987年11月に中曽根内閣の後を継いで成立した竹下政権が、異常なまでの大幅な金融緩和策をとった。そのために、日本国内で、「金余り」現象が起きて、株価・不動産価格が激しく高騰して、1987年からバブル経済となった。これが80年代後半の、日本経済の「バブル絶頂期」である。このことが原因となって、その後は、日本は「ディスインフレ状態」の下で、地価の高騰による資産効果による高成長を謳歌する、（3）の「デフレ成長期」に突入した。

90年代に入ると、日本ではバブルが崩壊して早々と、（4）の「デフレ不況期」にはいる。株式の下落と、不動産価格の反動的な下落という資産価格暴落で、「逆資産効果」が生じて、企業の決算書上の、資産勘定の金額が減少することから起きる、〝バランスシート調整〟によるデフレ不況に苦しむようになる。これが、リチャード・クー氏の言うところの、「バランスシート不況」である。

90年代後半には、さらにこれに金融システム危機が覆い重なった。1997年7月の香港返還を機に、東アジア全体を「アジア通貨危機」が襲った。それに伴い、日本国内はさらに、金融危機が生まれ、次々と起きた銀行破綻による〝ミニ金融恐慌〟状態を経験した。そして今にいたる。

アメリカは現在、「デフレ不況期」に突入している

これとは対照的にアメリカでは、1990年代には、ずっと好況が続き、苦しむ日本を尻目に、国内の景気はぐんぐんと良くなり、まさしく「日本の犠牲」の上にアメリカは、〝戦後第二期目の繁栄〟とも呼ぶべき90年代の長く続いた好景気の時代を迎えた。それはクリントン時代の8年間にわたって持続した。

とりわけクリントン民主党政権の二期目の後半である90年代末には、インターネット革命（情報通信革命）を過剰に信じたため「ITバブル」が起きた。この「ITバブル」は、〝ニュー・エコノミー神話〟という、理論にもならない理論を旗頭にした、株高バブルである、これでアメリカは成長を謳歌した。

そして、遂に、２０００年3月にこの〝ネット・バブル〟がはじけ飛んだ。ここからがアメリカ経済の本格的な下降線入りである。すなわち、日本から10年程度遅れて、アメリカは、（３）の「デフレ成長期」を迎えたのである。

しかし、「10年間の大繁栄」を続けた２０００年後半以降には、さすがにアメリカもまた、（４）の「デフレ不況期」に突入した。やはりこれも日本より10年程度遅れてのものである。アメリカも、ようやく「デフレ不況期」に移行して、現在は、その前半部分に位置しており、まだまだ〝デフレ圧力〟が本格的に顕在化していない段階にあるのだ。

だから、アメリカの景気の回復、というのは作られた話であって、これからいよいよ、アメリカの景気は本格的に崩れていくのである。このことは、１７５ページに示した、アメリカのコンドラチェフの波のグラフからも明らかなことである。一体、誰が、意図的に流される昨今の、アメリカと日本の同時景気回復の流言《りゅうげん》を信じることが出来るだろうか。

「デフレ不況期」の日本の景気には、いまだ回復の兆候がみられない

ここでは直近のコンドラチェフ・サイクルの「第四波動」だけについてみてきた。それ

でもコンドラチェフ・サイクルとクズネッツ・サイクルを組み合わせてみれば分かるように、この図（175ページ）からも、恐慌というのは50～60年周期で起こっているのであるから、それはそれに先立つバブルが崩壊することでもたらされるということだ。

ただ、コンドラチェフ・サイクルの「第四波動」には、過去の波動と比べて特筆すべきことがある。それは、この「第四波動」は、いわばアメリカ帝国による世界支配によってもたらされる、「パックス・アメリカーナ」（pax Americana）の下での、力（軍事力）による平和であった。世界の比較相対的な安定が、世界中で取引を活発にするので世界の各地域《リージョンズ》（regions）は、大きくは、90年代には経済成長過程にはいった。

１９９０年代は、大きくは経済成長過程であるが、これまでみてきた通り、そのことの反動もまた大きい。どこかの国で、少しでもバブル経済（金余りによる過熱経済）が生まれると、それに対するゆり戻しもきつい。

ロックフェラー石油財閥が主導するアメリカ経済・金融政策は、持続的にドル紙幣を刷り続けて、世界に供給するというものだった。その中心部分は、〝経済の血液〟である石油の代金をすべての国が支払えるようにしてあげることを念頭においた〝ドル紙幣の垂れ流し〟である。石油が売れないで退蔵する（過剰在庫）になると一番困るのは、ロックフェラー財閥それ自身だからである。

ここでも過剰在庫・過剰設備（サープラス）の積み増しへの恐怖という圧力が、ロックフェラー家をさえも支配しているのである。

「石油資源はやがて枯渇する。人類はエネルギー危機を迎える」という、「ローマ・クラブ」というおかしな団体の発表によって1972年に突如生まれた「成長の限界」論というのは、フロックフェラー財閥が故意に仕組んで流したものであることは、最近、はっきりしてきた。石油は世界中で余っているのである。

1973年と79年の2度のオイルショックで、世界は、（2）の「スタグフレーション期」に入る。このオイルショックによるインフレ率はかなり大きなものになった。その後の（3）の「デフレ成長期」の日米両国のバブルもまた、かなり大きなものになった。

しかし、その後の（4）の「デフレ不況期」では、財政・金融両面で不況克服に向けた〝大盤振る舞い〟の政策が打ち出されたことで、過去の恐慌と比べるとそれほど大きな落ち込みは今のところみられない。バブル経済の反動が一番大きかった日本で、実質ベースでは、1998年度と2001年度に続けてマイナス成長に転落しただけだ。

しかし、日本は、バブルの破裂以降、景気がこれ以上は大きく落ち込むことはない分だけ、なかなか企業の在庫調整が進まず、バブルが崩壊して10年以上経っても、いまだに「デフレ・ギャップ」が残り、景気が本格的に回復してくる兆候がみられない。「景気は回復しつつある」と唱えだした人々に、その根拠を問いただしたいものだ。

アメリカはこれからいよいよ「デフレ不況期」の後半にさしかかってくる

アメリカでも財政面では国防費や大規模減税政策が、金融面では超低金利政策が実施されたことで景気下押し圧力が今のところ緩和されている。アメリカはこれからいよいよ、デフレ不況期の後半にさしかかってくる。そのなかで、日本経済と同じように推移するのであれば、慢性的な大きな落ち込みがない代わりにデフレ不況が慢性的に続くことになる。しかしアメリカは日本とは異なり純対外債務国（借金大国）なので、果たして日本と同じようにマイルドなデフレ圧力で済むとは限らない。大きな変動が起きるのではないか。このことを冷酷に指摘しておく必要があるだろう。

日本は1930年代の世界大恐慌時の歴史的事実に学ばなくてはならない

185ページの図表からわかることだが、①のコンドラチェフ・サイクルの「第三波動」と「第四波動」を観察していて特徴的なのことがある。ここから、もう少し過去に遡《さかのぼ》って、世界の歴史の中に、経済循環（景気の波）を発見していこう。

アメリカ合衆国は、「第三波動」では、まだデフレ成長期が続いていた1920年代後半には、すでにヨーロッパに対して新興の債権大国になっていた。この時、アメリカに世界の覇権《ヘジェモニー》が移動したのである。

このころアメリカ合衆国では、ニューヨークの証券取引所で激しい株高となり、このためにアメリカに激しいバブルが起こっていた。ところが一転して、このバブル・エコノミーが、1929年10月24日の〝暗黒の木曜日〟に、突如、崩壊を開始した。このあと世界中に大恐慌が波及していった。

こうやって30年代を通じて、アメリカ経済が激しい金融恐慌で、国民経済全体が苦境に陥っていた。これとは裏腹に、イギリスの景気回復は早かった。それまで18世紀、19世紀

ロンドン株式市場とダウ平均の比較

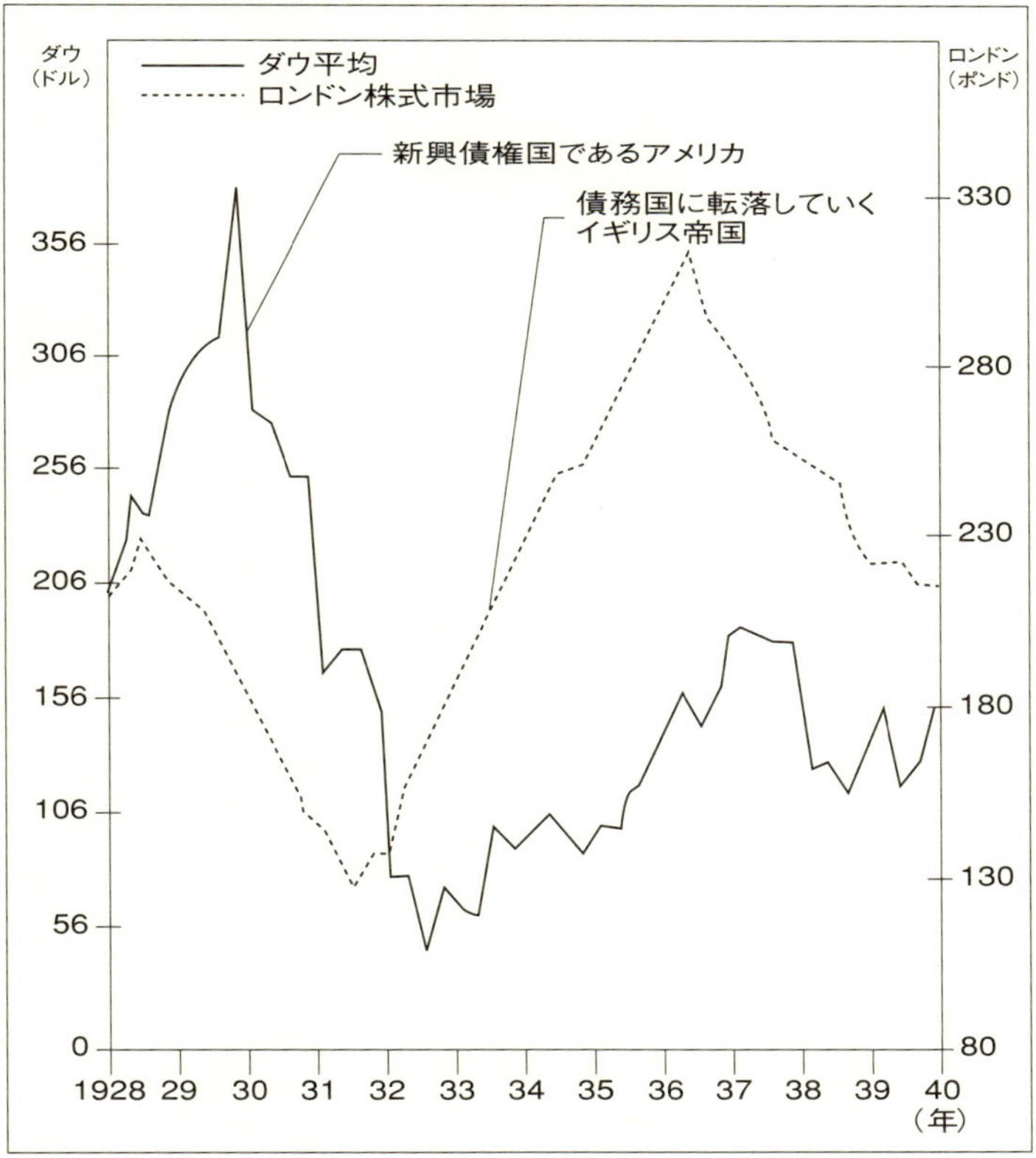

出典:Strategic Investment
『大いなる代償』ジェームズ・デビッドソン／ウイリアム・リース＝モッグ／牧野昇監訳

1929年10月にアメリカの株式暴落があって、アメリカ国内は大不況に苦しんだのに、イギリスはさっさと景気回復した。当時の新興債権国アメリカが今の日本であり、没落する大英帝国が今のアメリカに相当する。

の2世紀間ずっと世界覇権国であるイギリス（大英帝国）では、アメリカの大不況を尻目に、いち早く金本位制（スターリング・ポンド制度）から離脱した。このことで英ポンド相場は、その後、比較的安値圏で推移した。このためにイギリスの実体経済《タンジブル・エコノミー》（tangible economy）も底堅い展開となっていた。

この事実を歴史の教訓として、今の日本人が何かを学び取るべきなのである。今後、アメリカとの関係で、アメリカに引きずられないで、自然で独自な景気回復を日本が模索しようとすれば、どのような方策が考えられるかを、いまのうちから考えておかなければならない。

あくまで経済の自然な流れに従いながら、無理をせずに、アメリカとの一蓮托生《いちれんたくしょう》状態から、なるべく自分の身を引き剥《は》がして、独自の繁栄を守れるような選択肢をなるべくたくさん、見つけておくべきである。

大切なことは、他人に依存しない、ということである。自分のことは自分でやる。自分で出来ることは自分でやる、という福沢《ふくざわ》諭吉《ゆきち》が説いた独立自尊の思想に立脚して、出来る限りのことを、自主独立でやるべきだ、ということである。

経済から考えれば、日本には日米同盟以外の選択もある

今の日本には、何かあると、すぐに「アメリカにしっかりついていかなくては、日本の国益は守れない」とか、「アメリカとの日米同盟を優先する以外の選択は日本にはない。だとしたら現実的になってアメリカの言うことを聞くのが一番賢明だ」という、考えがまだまだ圧倒的である。

もうしばらくしたら日本の国論も変わるだろう。政治、軍事＝安全保障や外交だけから日本を取り巻く情勢を判断するだけでなく、大きな経済の動きから、その不可避の流れとして、どのような状態に世界が今後、なっていくのかの冷酷な未来予測が必要である。その時に、経済循環《エコノミック・サイクル》論に立脚した、未来予測をしっかり立てて、そのうえで、軍事・安全保障面での対応も考えなければいけない。

私たちは、政治と経済の二つの大きなカテゴリー（部門）に世界を分けた時に、どうも政治的な言論にすぐに引きずりまわされる傾向がある。「客観的な情勢から判断してアメリカにつくしか他にないのだ」と、あまり考えもしないで即断してしまう。ここに単純な

思考の刷り込みの罠《わな》がある。

本当は、政治よりも経済の方が、大きいのであり重要なのだ。経済の方が、政治よりも「大きなもの」なのである。なぜなら私たちの日常生活を含めて、私たちは経済生活をおくっているのである。それに対して、政治的な問題というのは、実は私たちにとっての日常にはあまり関係ないものである。だから経済の方が優先するべきなのだ。

アメリカ帝国は、経済法則に従って1930年にイギリスから世界覇権を奪った。それから74年である。政治よりも大きな経済の流れで読むならば、アメリカの世界覇権が続くなどということは無い。どうして彼らポチたちはこういうことも判らないのだろうか。目先のことだけで必死なのだろう。

覇権国に先行して新興債権国にバブルが起こり、破綻するメカニズム

「第三波動」（1890年の谷から1945年の谷まで）に入ってから、日清戦争後に新興債権国に成長して、東アジアで「帝国化」しつつあった日本で、図表（145ページ）から分かるとおり、第一次世界大戦の軍需を原因とするバブル（景気の過熱）が起こった。

その日本で、アメリカの大不況入りする以前から、第一次世界大戦の特需とロシア革命への干渉戦争（ウラジオストックへの日本軍の派兵。今のイラクへの自衛隊の派兵とそっくりである）への軍事需要が一段落して、それで、「船成金」たちのバブルが1918年に一気に崩壊した。

それと入れ替わって、イギリスを追い落として、新しい覇権国となりつつあったアメリカで、1920年代に、株高バブルが生まれ、それと共に世界覇権国へと成長・発展していくのである。

どうして新興債権国であったアメリカの方が、それまでの覇権国（世界帝国）であるイギリスに先行してバブルが起こり、そして先に破綻しているのかのメカニズムを解き明かすのはなかなか容易なことではない。しかし歴史の経験則に基づけば、そういう逆転現象が起こるということだ。

ただし現在との相違点をいえば、コンドラチェフ・サイクルの「第三波動」では、イギリス帝国の覇権が完全に〝落日〟ムードになっていた。これに対して、「第四波動」では、アメリカ帝国の覇権の絶頂期にさしかかっていることだ。

このため、日本やドイツのような新興債権国でのバブルが崩壊するのにあわせて、アメリカでバブルが起こっても、当時のアメリカは、まだまだ世界経済を牽引していくだけの圧倒的な成長力がなかったのでアメリカの一人勝ちということもなかった。

ところが、それから60年後の１９９０年代後半の世界に起きたことは、アメリカ経済の一人勝ちである。アメリカ合衆国の世界ＧＤＰに占める割合は、１９９５年には、24％（８・２兆ドル）だったが、７年後の２００２年には、30％（12兆ドル）に増えている。アメリカは、世界の経済（生産力＝消費力）の実に30％を占有するにいたったのだ。

このように、１９９７年７月からの東アジア通貨・金融危機を企画して演出したアメリカの政治力とあいまって、アメリカ帝国の〝一人勝ち〟経済を現出した。その分だけ、他の主要国の世界ＧＤＰに対する占有率は下落している。

それは、69ページにある「世界ＧＤＰに占める各国の割合」の図表のとおりである。日本は、現在、世界ＧＤＰの９％からさらに、下落し、凋落を続けており、５％台まで下落するのではないかと私は厳しく予測する。それに比べると１９９０年の日本経済のバブルの絶頂期には、日本は、なんと世界ＧＤＰ比で、16・８％（５・４兆ドル）も占有していたのである。

おもしろいことに、アメリカが世界ＧＤＰの30％を占めているという、この数字は、１

ヘジェモニー・サイクル（1494〜1983年）

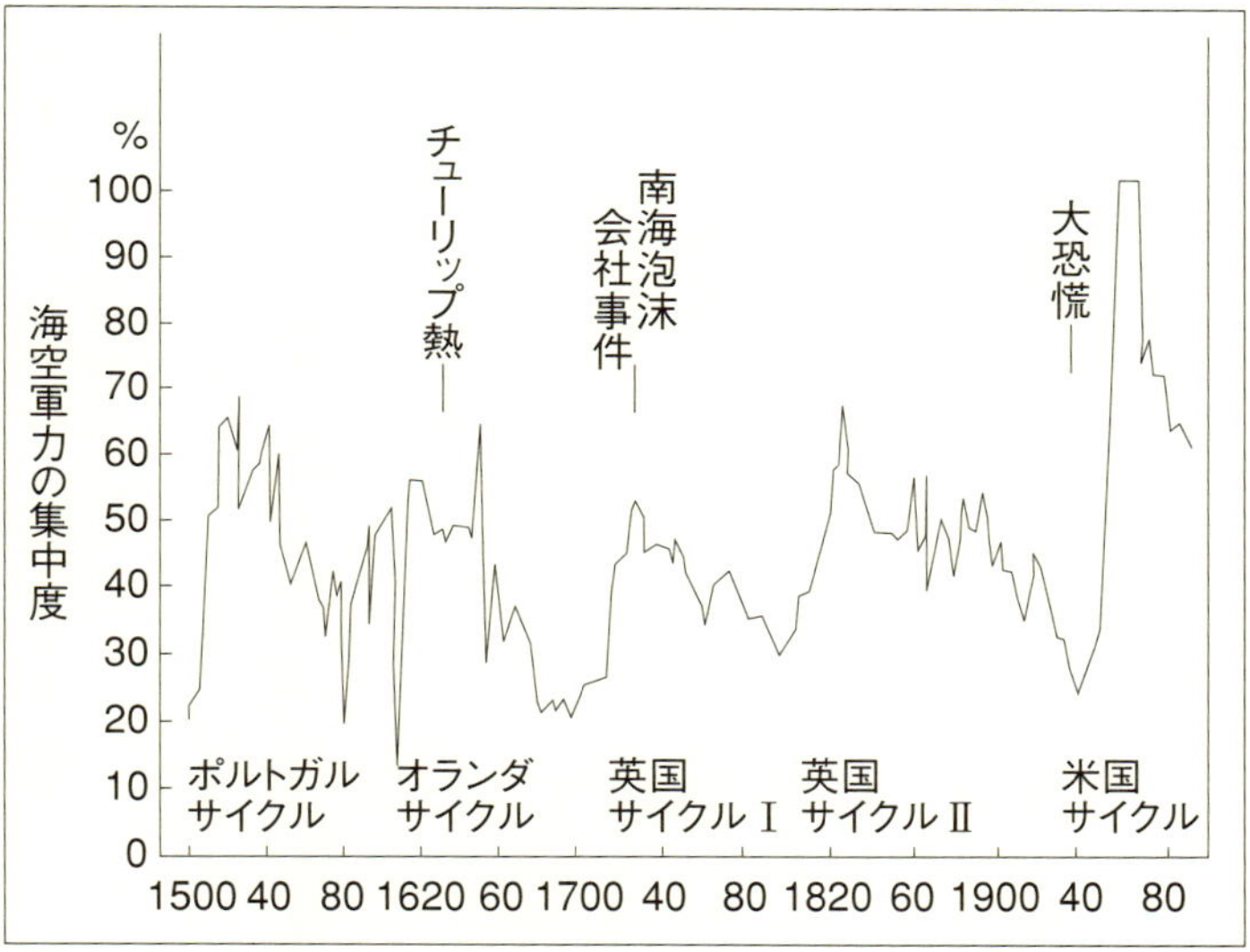

（出所）George Modelski, ed., Exploring Long Cycles. Lynne Rienner and Frances Pinter, 1987.

『中国は21世紀を制する』東洋経済新報社刊　松本和男著

世界覇権サイクルを唱えた学者はジョージ・モデルスキーとチャールズ・キンドルバーガーが発展させた。

937年（昭和12年）の、第二次世界大戦前に、アメリカが同じく、世界GDPの30％を占めていたという事実である。日本のGDPはその時1・5％しかなかった。植民地にしていた台湾、朝鮮、満州、樺太を入れてようやく4％ぐらいだったろう。それでアメリカとイギリスに立ち向かっていった。

ヘジェモニー・サイクルがピークアウトしてアメリカの覇権は衰退へ向かう

このような世界覇権国とそれに挑戦する新興国との覇権争いという世界政治の要因までを考慮に入れると、前述したコンドラチェフ・サイクル（60年周期）を、内部に二個内包すると考えられる、世界覇権のサイクルであるヘジェモニー・サイクル（約100年周期）についても、ここで検討しておく必要がある。

ヘジェモニー・サイクルが上昇局面にあるかそれとも下降局面にあるか次第で、前述したコンドラチェフ・サイクルとクズネッツ・サイクルがともに下降局面で生じる恐慌の度合いもまったく違ったものになる。

1930年代のアメリカ発の大恐慌は、イギリス帝国が完全に覇権国としての地位から

ヘジェモニー・サイクル（100年単位）

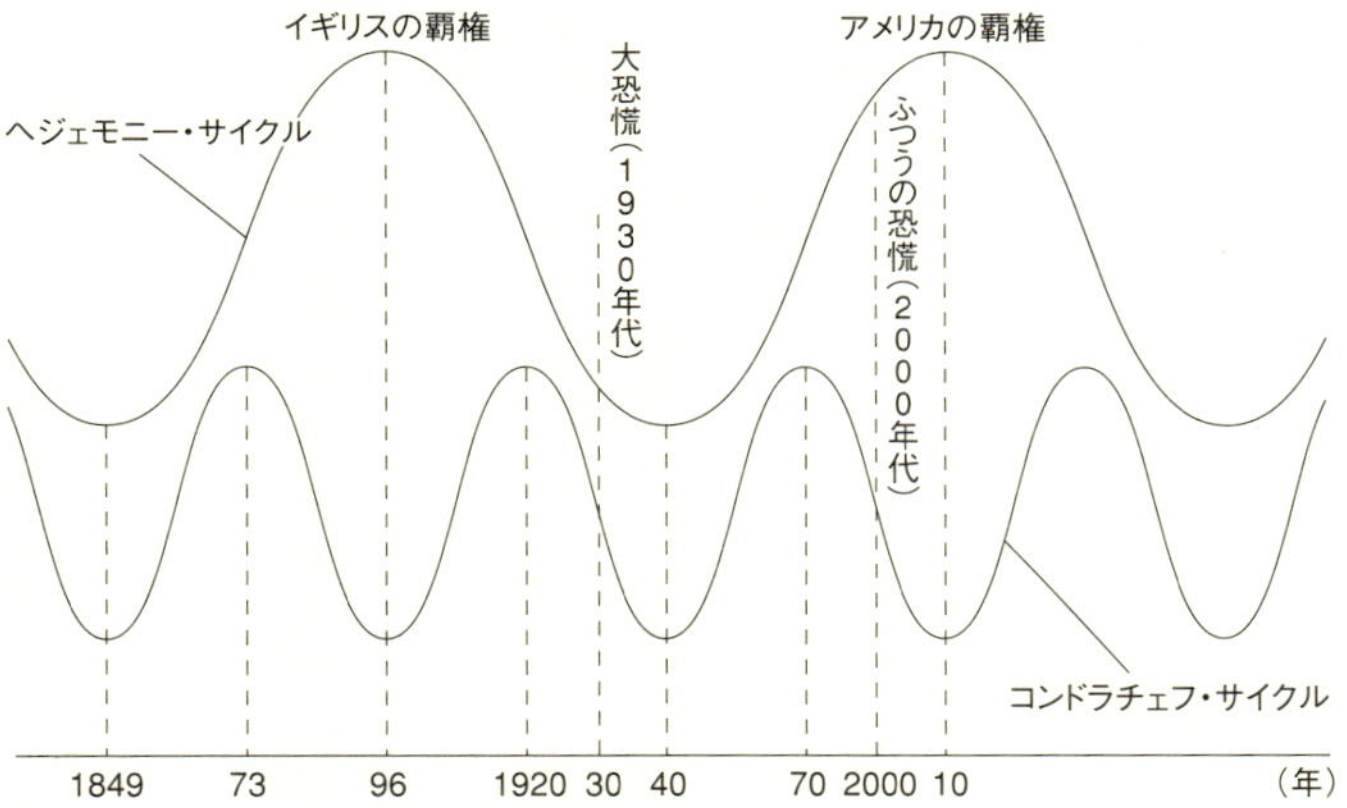

これは覇権サイクルである。

1929年10月のＮＹ株式暴落で世界恐慌に突入し、世界覇権が完全にイギリスからアメリカに移った。それから70年経った2000年３月のＩＴバブル崩壊がきっかけとなってアメリカ帝国の覇権サイクルが下降線に向かい、次の恐慌で衰退が明確になる。

滑り落ちてしまったことを示している。イギリスにはもうその頃には世界経済を牽引するだけの潜在力がなくなっていた。そういう状況下でニューヨークの株式大暴落が引き金となって、世界同時不況が起きたから、その分だけ金融システムだけでなく経済システム（実体経済）そのものへも大きな破壊力をもたらした。

しかし、その大恐慌を、第二次世界大戦という悲惨な戦争を梃子《てこ》にすることで、乗り切ると、アメリカを中心とする戦後世界秩序（ＩＭＦ＝世界銀行体制。及び、ニューヨークに本拠を置く国際連合）が成立した。

アメリカが新しい覇権国として世界的に君臨するようになった。ちょうどこのときに、コンドラチェフ・サイクルやクズネッツ・サイクルの上昇局面が重なった。だから⑤のヘジェモニー・サイクルをもさらに増幅して押し上げる形で、①のコンドラチェフ・サイクル（60年周期）と②のクズネッツ・サイクル（20年周期）が上昇方向に作用して、このために、１９５０年代から60年代にかけてアメリカを中心にして世界は大経済成長期を迎えて、安定した成長を続けることができた。

ところが、２０００年代に入った現在では、アメリカ帝国の覇権を背景にヘジェモニー・サイクルが絶頂期に達したために、いよいよこれから、アメリカ本国でのバブル崩壊が本格的に起こるだろう。

その時起きる世界同時不況は、アメリカ発であるのは必然で、アメリカの国内要因を原因とする。その原因となるものは、アメリカの金融・与信システム自体が、内部に巨額の不良債権（簿外《ぼがい》のかくれ債務）を抱えていることである。

アメリカの大銀行群やファニー・メイとかフレディイマックという日本の住宅金融公庫に相当する政府系の銀行が抱える巨額の不良債権が露呈して、破裂する形での金融危機（信用不安）がやがて起きるだろう。

だから、2005年を契機（第二次世界大戦終結から60年目）にして、数年以内に経済変動が起きることが確実視されるのである。数年以内に、それは起こるであろう。それでも、今度のアメリカの金融恐慌は、70年前の前回の30年代の大恐慌よりは軽微なもので済むのではないか。まさしく175ページの図表から分かるごとく、コンドラチェフの波（60年周期）とクズネッツの波（20年周期）との逆方向の重なり合いの波形から判断できる。

ただし、このアメリカ発の大不況（景気下降線入り）を契機にして、ヘジェモニー・サイクルがピークアウトする。このことが、30年代から続いたアメリカ帝国の世界覇権が、次第に衰退に向かうことを示している。この事実が重要である。大きな観点からして、アメリカの世界覇権は衰退、退潮期にはいっていくのである。

やがてアメリカ版「預金封鎖」が行われる

やがて数年後に起きることが確実視されている米ドルの大暴落（一ドル60円、NYの平均株価3000ドル割れ、までが予測されている）の結果、アメリカ政府は、「新ドル切り替え」という〝荒療治〟に出るだろう。旧来のドル紙幣を期間を区切って使えなくする。新札と切り替えることを強制するだろう。

まさしく、アメリカ版の「預金封鎖」である。預金封鎖とは、①銀行預金の引き下ろし制限（銀行から見れば、支払い制限）と、②新札しか使えなくすることで旧札の回収を促す強制預金の二つからなる緊急の金融統制令のことである。

アメリカ政府が、ベトナム戦争（60年代）以降の40年間に、自国の貿易（対外債務）を決済するために、世界中に刷りまくって垂れ流したドル紙幣を使えなくする政策を断行するだろう。アメリカ版の預金封鎖＝新ドル切り替えを断行することで、アメリカの対外債務（単年度なら、経常赤字、貿易赤字）は一気に解消する。

「新ドル切り替え」という手口は、アメリカ政府の最後の切り札となるだろう。ただし、この時に、現在の修正ＩＭＦ体制（ドル・石油体制）は、崩壊する。そして、新しい通貨体制に移行するだろう。それは、「コモデティ・バスケット通貨体制」であろう。

コモディティ・バスケット（commodity basket）通貨体制というのは、従来の金地金《きんじがね》（ゴールド・インゴット）だけを紙幣の実物担保とするのではとても足りないから、他の貴金属や非鉄金属から石油、天然ガスのエネルギーから各種の穀物までを実物担保にする通貨体制のことである。ミルトン、フリードマンが１９５０年代に提唱したものだ。

しかし、新ドル切り替え（アメリカ版預金封鎖）によって、ドルに対する世界中からの信認が大きく損なわれることになる。ヨーロッパの統一通貨であるユーロ（euro）の台頭もあり、ドルの基軸通貨としての威信がさらに揺らぐようになる。

そうすれば、すでに凶暴な世界帝国となってしまっている覇権国アメリカの力の根幹部分である、世界全体の４割を占める圧倒的な防衛費（軍事費、年間平均５０００億ドル＝約55兆円。イラク戦争開始年の２００３年度は６３００億ドル＝約70兆円に達した）を維持することは不可能となる。

アメリカ政府は、今のままイラクの占領支配と軍事統治を続けるだろう。アフガニスタンでも同様である。しかし、イラク派遣米軍の将兵15万人の体制を維持するだけでも、アメリカは、一日につき10億ドル（約1100億円）を使っている。一ヶ月では300億ドル（約3兆円）であり、一年で3・6兆ドル（400兆円弱）となる。いくらアメリカ帝国といえどもこれだけの出費にいつまでも耐えられるものではない。アメリカ帝国の衰退は始まっているのである。

サウジアラビアと日本の二国を押さえることでアメリカは世界を管理している

アメリカも2000年からデフレ経済（不況）に入った。この「デフレ不況期」がさらに悪化して、恐慌《クラッシュ》に突入する局面では、政府は、軍需創出による景気浮揚（すなわちウォー・エコノミー）を求めて軍事関係の公共投資（兵器開発費の大奮発）を行なう。さらに国民の不満を外に向けるためにアメリカは別の大規模の対外戦争を引き起こさなければならなくなる。東アジア地域《リージョン》でなら北朝鮮が、依然として最有力な候補地である。

アメリカは、だから自国の景気浮揚策として対外戦争をするのである。それこそはまさしく、第三章で説明したとおりの、「戦争によって国内需要を創造する」という軍事ケインズ主義の手法である。アメリカが自分たちに刃向かう反抗国家に食らわす爆弾は、それこそは、国内需要を満足させるための消費である。兵器の在庫一掃と、「戦争という大規模公共〝破壊〟事業」である。２００２年からのアメリカのアフガニスタンやイラクに対する戦争は、この「国内経済刺激策」としての戦端を切ったものに過ぎない。だから２００１年9月11日の「米国中枢同時テロ」というのは、そのために巧妙に仕組まれた、アメリカ国民を戦争経済《ウォー・エコノミー》に駆り立てるための策略だったのだろう。

アメリカの世界覇権の根幹は、中東の石油大国サウジアラビアの石油利権を一手に握っていることにある。それと東アジア（極東）の工業・金融大国の日本の資金である。アメリカにとって世界管理上の重要な「同盟国《アライ》」（ally）は、サウジアラビアと日本なのである。

この中東《ミドル・イースト》と極東《ファー・イースト》＝東アジアの二国をしっかりと押さえておけば、アメリカは世界を管理できるのである。石油代金を持つサウジとハイテク・電子デバイスと自動車の輸出代金を持つ日本の、この二国以外に、アメリカに資金を貢ぎ続ける国は世界中に他にはない。言っては何だが、他の世界中の国々は、貧乏である。南米諸国も、アフリカも、他のアジア諸国も、とてもではないがアメリカ帝国からすれば、「持ち出し」にはなっても収益になる国々ではない。

同時に、「世界の火薬庫」は、実は同じく中東と極東の二か所なのである。中東と、極東で順番に、次から次に紛争や、地域戦争を起こさせるしか他に、アメリカは世界経済を活性化する手段がないのである。だからサウジと日本が、アメリカにとっての最重要な「同盟国」なのである。

ヨーロッパと中国こそが、アメリカの世界一極支配に対抗しうる勢力だ

目下のアメリカの戦争の相手は、中東地域《リージョン》である。さらにはそれを包含する、東はフィリピン南部、インドネシアから西はモロッコに至る「イスラム共同体《ウンマー・イスラミア》」となる。

この他には、アメリカの世界一極支配（世界覇権）に対抗しているのは、ヨーロッパと中国である。EU（ヨーロッパ連合）として統一されたヨーロッパは、明らかにアメリカに対して対抗するために統一されたのである。統一ヨーロッパ《ユナイテッド・ヨーロッパ》（United Europe）の狙いは、あくまでアメリカである。域内の団結を高め、キリスト教徒と白人文化を基準とするヨーロッパ人の団結である。

これと、東アジア（極東）の新興大国である中国である。中国は、目下激しい経済成長

のさなかにあり、この成長はあと、数年間は続くだろう。2008年の北京オリンピックと10年の上海万博までは、アメリカからの成長妨害（中国元《ユエン》の切り上げ問題）や、軍事的な脅威に曝《さら》されながらも、中国の経済膨張は、あと数年は続くだろう。

アメリカの巧妙な手口に乗せられて日本と中国が争ってはならない

中国は、東アジア地域での地域覇権《リージョナル・ヘジェモニー》（regional hegemony）を狙っている大国である。だから今後、経済力で力をつけて、技術競争力で日本を脅かす国になるだろう。

それでも、以下は私の私見（個人的な考え）だが、日本は、中国と戦争だけはしてはならない。アメリカがいくら日本と中国をけしかけ、対立、反目させ、憎悪を掻き立てるように仕向けるとしても、その手に乗ってはいけない。乗ればアメリカ帝国の思うつぼである。

アメリカは、世界管理の手法として、世界の各地域《リージョン》（region）を「分断して支配せよ！《ディバイド・アンド・ルール》」(Divide and rule!) という戦略で動く。だから、日本と中国を互いに喧嘩させ、憎み合わせることで、対立分裂させ、その上から自分たちの世界支配を容易にするという手口を使うのである。日本と中国はこの手に乗ってはならない。同じ東アジア人どうし戦わず、という賢明な道を歩まなければならない。

中国が経済力と資金力を身についてきたので、だんだん態度が横柄《おうへい》になっている。しかし、中国のインフラはたいしたことはない。どんなに急激な経済成長があったとしても、中国人の生活水準が一気に上がることはない。13億人（本当は、人口統計に載らない、あと1億人がいるから14億人だろう）の国民を食べさせるだけでも大変なことだ。だから中国の政策は、本質的に内向きであり、対外的に軍事膨張することを嫌う性質をもっている。

東アジア諸国はこれからも、日本が、雁行《がんこう》の形で指導する雁《かり》となって、日本を先頭にして、さらなる経済成長をとげながら域内平和を守りながら、団結して進んでいけばいいのである。東アジアは日本が引っ張っていくしかないのである。アメリカの策略に乗せられて内部で混乱を起こす必要はない。だから、あくまで「アジア人どうし戦わず」（アジア不戦！）なのである。もしどうしても嫌い合うことがあって、対立が深まるとしても、中国とは、貿易と人間交流さえ出来ればいいのであって、それ以上の思い入れも、肩入れもする必要はない。あくまでアジア人どうし戦わず、の標語《スローガン》を掲げ続ければいい。だから、私が数年前から言い出した、この「東アジア人どうし戦わず」の標語は、今や「東アジア平和ドクトリン」〝The East Asia Peace Doctrine〟と呼ぶべきものであろう。

第六章

政府が国民の相続資産を狙っている

現在、政府は資産家たち一人一人の預貯金総量を把握しようとしている

現在、日本の郵便貯金や銀行預金それから株式投資に対して、政府の管理と規制が急激に強まっている。一言で言えば、「名寄せ」とか「炙《あぶ》り出し」いうものが着々と実行されている。日本国政府は今一生懸命に、資産家（お金持ち）たちがどのような金融機関や投資先に、どれくらいお金を預けたり、保管したり、投資したりしているかを、ひとりずつ把握しようとしている。

このことを私は、前著『預金封鎖―実践対策編』（祥伝社刊　２００３年12月）で書き始めたが、日本政府の資産家層に対する資産調査は、「住基ネット（住民基本台帳ネットワーク）法」と「個人情報保護法」まで使ってやるのである。国は各銀行ごとに分散して預けている資産家たち一人一人のお金の大体の預貯金総量を把握しようとしている。

本書第一章から引き継いで書くが、ここで資産家（大金持ち）というのは、どういう人のことを指すか、と言えば、保有する土地建物（実物資産）と上記の金融資産（ペーパーマネー類）の時価での合計の評価額で10億円ぐらいから上の人である。

貸しビルやアパートの家賃収入等の年間収入で５０００万円ぐらいから上の金持ち層のことである。こういう人が全国に総数で３００万人ぐらいいると想定される。彼らの資産が、預貯金の「名寄せ」と、隠し株券や無記名の金融債券などの「炙り出し」策で正確に国によって個別に把握されようとしている。目下、このようなところまで来ているのである。

日本の総務省（旧自治省。郵政省をも併合した）と財務省（旧大蔵省。国税庁・税務署はその子分）が、タッグを組んで動いている。本来、旧自治省と旧大蔵省は犬猿の仲であり、互いにいがみあって仲が悪かった。ところが、国家の財政が逼迫してくるにつれて、両者が歩み寄って共同戦線を組んで、金持ち国民層に襲いかかろうとしている。

金持ち老人たちへの資産課税には旧内務省の復活が賭かっている

金持ち老人たちの死期を待って、相続が発生したときに、相続税でガッポリ国が巻き上げようとしている。「課税資産の捕捉率を改善する」という掛け声で、金持ちたちの隠し資産（タンス預金）を狙っている。

今回はどうも、総務省の方が元気である。財務省は、元からの「貢《みつ》ぎ取《と》り」（税金取り立て役人）であるから、しっかり課税したいのだが、これまでそのための道具（制度手段）が足りなかった。それを、これまで、地方課税権と住民票登録制度（住民基本台帳法。簡単に言えば住民票のこと）を握り締めて来た総務省が、助けるという。

総務省は戦前に強大な権力を振るった内務省《ないむしょう》であり、敗戦直後に米軍（マッカーサーの占領軍政府）によって解体されて、厚生省やら労働省やら消防庁やらにバラバラにされた。内務省とは、英語で言えば世界各国にある、「インテリア・デパートメント」（The Interior Department）のことであり、政治警察とか、国家情報機関とかまでを統括する省であり、〝国王の耳〟とか〝国家の神経〟と呼ばれるものである。日本の内務省が、戦前・戦中に戦争遂行のためにあまりに人権弾圧がひどかったということを理由にして、GHQ《ジー・エイチ・キュー》（連合国側最高司令部、マッカーサー占領軍政府。本当は、英語では、SCAP《スキャップ》という）が個別的に解体して多くの省庁に分散した。

今の総務省は、この内務省の復活・復権を賭けて、かつての権力を取り戻そうしている。2000年の「省庁再編」（合計10個の省への統合）というのは、本当はこの旧内務省の復活のことなのである。

総務省は、郵政省をも併合することによって、（1）郵便貯金という日本最大の金融資産を自分の管理下においた。それから旧郵政省が傘下に握り締めてきた（2）NTTなどの「通信」を自分たちの支配下に置いた。「通信」こそは〝国家の神経〟そのものである。それでアメリカの日本支配と陰に陽に闘っている。

戦前の内務省は、大蔵省と同格、というよりも、自分たちの方が格が上だと思っていた。商工省（今の経済産業省）などを自分よりも格が下だと見なした。それほどに威張っていたのである。その総務省が、今回は、財務省・国税庁に歩み寄り、一緒に金持ち老人たちへの資産課税を狙っている。

500万円以上の資金の移動はすでに監視されている

この動きも、日本のこれからの本格的な恐慌入りと、「ハイパー・インフレ」突入、あるいはそれに先行する形での「預金封鎖」（金融緊急統制令）の実施に向けた綿密な準備行動の一環である。

簡潔に書くと、以下のようなストーリーであると概観《アウトルック》できる。

資産家というのは、大体60代から70代の老人たちである。彼らははっきり言って、余命が長くはない。本人はあと20年生きて１００歳まで生きると豪語し、勝手に固く信じ込んでいる。

しかし、周りはそうは見ていない。事実、ご本人の周りを見わたせば分かるとおり、友人たちは次々に亡くなっていくのである。そうすると、相続の問題が発生する。相続財産の相続は、亡くなった資産家自身である被相続人から、「その人の死とともに、その瞬間に、自動的に」その子供、孫である相続人に向けて発生する。それが法律の考え方だ。

課税されるのは死んだ本人ではなくてその遺産を承継した人たちである。相続財産は大きく二種類に分けられる。それは、土地・建物・ビルのような固定資産（実物資産 tangible assets《タンジブル・アセット》）と、現金・預貯金・債券・株式などのペーパー・マネー系の金融資産である。

土地や建物（家やアパート）などは足《あし》が生えて逃げたりしない。だから「不動の産」で不動産《ふどうさん》（immovables インムーヴァブル）と言うのである。「リアル・エステイト」（real estate 実物資産）とも言う。だから、税務署は精密な航空写真を、全国隈なく数年に一度ずつ撮って上空から厳しく管理している。この航空写真の威力は、皆が思っている以上にすごいものなのだ。どこにどれくらいの大きさの、どういう家が建っているのかということから、保有している高級自動車までがこれで把握できる。

それにたいして、「動産」（ムーヴァヴル）である貴金属や金融資産は足が生えたように動くから、あちこちに逃がしたりすることが出来る。

この「お足が生えている」金融資産の方を把握しようとして「名寄せ」の実施とその管理が強化されているのである。だいたい、金持ちが自己資金を動かすと、５００万円ぐらいから上の資金の移動は調査の対象になるようである。

税務署は、大金持ちの場合はひとりずつ専門の担当官を置いていて、その動きを見張っている。だから、「国税専門官」というのではないか（これは冗談だが）。

1億5000万円の貯金が引き出せなくなったという実話

「名寄せ」というのは、文字通り「名前を寄せる」ということである。同じ郵便局の郵便貯金口座に、複数名義で、別口のものをいくつか持つ場合もあるであろうが、別の郵便局内に口座を作って、１０００万円くらいずつ預金を分散させて、いくつもの通帳を作ってため込んでいるものもあるであろう。これらを、今回は、全部、政府の最新鋭の大型コンピュータを使って、寄せ集めているのである。

「国民背番号制度」が、今度の「住基ネット法」で実質的に導入された。「そんな勝手な番号は、私は受け入れない」と言って全国各地で、今も反対行動が行われている。これと旧来の「社会保険加入者番号」との関係がどうなっているのかが分からない。

このように何十通もの預貯金通帳を作って資金を分散させている人たちは現に今でもたくさんいる。郵貯には老人に対する優遇金利の制度もあるので、これまでにかなりの量でこうした行為が半ば公然と行われてきた。

郵便定期貯金は、「3ヶ月複利」で金利がどんどん付くので、現在のほとんどゼロ金利という異常な事態の中にあっても、民間銀行に預けるよりもずっと得である。だから、老人たちは自分たちの〝虎の子〟の資金を郵貯に預けている。「天皇陛下さまの、直接の家来であるお役人さまが、守ってくれる」と堅く信じて老人たちは郵便局に預けてきた。

さらには、偽名《ぎめい》や仮名《かめい》でお金を預けている人たちもいる。とんでもない話だが、自宅で買っている犬や猫の名前に近い名前を使って預けている人々も実際にいる。以下は、私が最近、人づてに聞いた真実の話である。

ある老人夫婦が3億円のお金を持っていた。1億円ずつをそれぞれの夫婦の名義で持っていて、残りの1億円を仮名《かめい》で預けていた。30年以上も預けていたので、それぞれ5000万円ほどの金利が付いて、1億5000万円ほどにそれぞれの口座の残高が増えていた。ところが、それらを全額まとめて引き出そうという段になって、この3本目の仮名で作った口座の貯金が問題になった。この夫婦が、この仮名の預金を下ろそうとしたときに、郵便局側が何と言ったか。「この人は本当におられるのですか」と聞いてきたのである。そのあと、しばらくやりとりがあった後、この老人夫婦は、その場に泣き崩れてしまったそうである。結局、この1億5000万円は、返してもらえなかったのである。

このような事態が日本全国で現に、実に起きているのだ。これが実態である。あとで、この本の記述は不正確である、という抗議が郵政公社から私宛にくるかもしれない。私は、その時は堂々と郵政公社に乗り込んでいって、さらに実態を詳しく聞き出すだろう。言論の自由、報道の自由、出版の自由とは、官僚などの所作《しょさ》に負けない尊いものなのである。

再度書くが、郵便局は、預かるときには仮名だろうが、偽名だろうが、ポチだろうが、ニャン子だろうが、お金を預かるのである。まさか、山田ポチ夫という名前では預かったとは思えないが、山田良夫であれば何も言わずに預かったのである。山田という三文判《さんもんばん》の印鑑《いんかん》さえあればそれが出来たのである。今も出来る。

ところが、貯金者が払い戻しや引き落としをしようとすると、とたんに「待ちなさい」と言い出した。この本人証明、本人確認を求める動きは、他の民間金融機関にまで波及して、それらの金融機関に対しても「名寄せ」のようなことを行い始めている。日本国民の金融資産の正確な把握作業が進んでいることを私たちははっきりと自覚するべきである。

強制的に日本国債を購入させるという強硬措置が行われる

さらに、ここで「郵貯の預け入れ限度額」について説明する。これは、もっか進行している、「名寄せ」とも密接に関わっている。今年の1月末に新聞などに一斉につぎの記事が載った。ここでは、『読売新聞』(２００4年1月28日記事)から引用する。

郵貯の限度額超過者に国債を強制販売へ

日本郵政公社は27日、郵便貯金の預け入れ限度額(1人１０００万円)を上回る貯金をしている貯金者に対し、１０００万円以内に減額するよう求めても応じなければ、郵便貯金法に基づいて、超過分で国債を強制的に購入する措置を初めて実施する方針を固めた。

まず、再三の減額要請に応じない十数人（超過額は計3億円超）を対象に、2月に通告し、3月中に実施する。郵貯法によると、貯金額が限度額を超えた場合には公社が貯金者に通知し、1か月以内に貯金の減額に応じなければ超過分で国債を強制的に購入、保管することができる。貯金者が請求すれば国債を売却し、貯金者に戻す。

これまでは、貯金者への配慮などから、この措置を実施した例はないが、法定違反の貯金を放置すれば、郵貯への批判が高まりかねないとして、厳しい措置に踏み切ることにした。郵政民営化などにからんで、郵貯肥大化の弊害などが指摘されていることも意識したと見られる。

郵政公社は、1人の貯金者が複数にわたる口座を持っている場合、その残高を合算する「名寄せ」を定期的に実施しているが、昨年3月末には約129万人が限度額を超えて貯金し、超過額は約2兆5000億円だった。その後、公社の減額要請によって対象者は約21万人、超過額は約5000億円程度となっている。

（読売新聞　2004年1月28日）

郵貯の預け入れ限度額は1000万円である。しかし、単に「名寄せ」だけではすまず、預け入れ限度額を極端に超えるような貯金者が、郵貯法に基づいて超過分は「強制的に日本国債を購入させる」という措置にまで日本国政府は乗り出しつつある。

日本の指導者たちは、アメリカの脅しに屈してしまった

国債は紙幣（お札）と同じペーパー・マネーの一種であるから、ハイパー・インフレが起きたら価値が下落する。そういう日が数年先に迫っている。総務省と日本郵政公社は、このような統制経済的な手段を使ってまで、個人の隠し資産を炙《あぶ》り出そうとしている。

こうなった原因は、とりもなおさず、日本国がアメリカ帝国の財政赤字を「ファイナンス（肩代わりの穴埋め）する」ために、日本の円紙幣と国債を刷り散らかしてしまったからだ。それで日本政府は、大量の巨額の米国債を買っている。いや、買わされている。

日本政府が、こうやって国民の犠牲の上に、アメリカ様の言いなりになって米国債を買うから、日本は貧乏になったのだ。日本政府が米国債を買わないと、日本の政治家や、官僚トップたちが失脚させられる。彼ら日本の指導者たちは、アメリカからひどく脅されて

いるのである。誰も自分が脅迫されて、命が危ないなどとは、みっともなくて言えない。

こういう実力者の政治家と官僚トップたちだけではない。民族派、愛国派の財界人たちも狙われる。特に電気、通信、エネルギーなどの、公共インフラに関わる半ば公共の大企業の経営陣である、財界人たちも狙われている。

たとえば、NTT本体とNTTドコモとNTTコミュニケーションズの3社は、2001年に、かならず暴落すると分かっていた、アメリカの通信会社の最大手の「AT&Aワイアレス」の株を無理やり買わされて、案の定、株は暴落して、それで合計2兆円の損を出さされた。みんな最後は日本国民が損をかぶる。

同じようなことを東京電力も仕掛けられて、財界トップ（経団連の会長経験者）まで含めて、10人ぐらいの首がとんだ。昨年、2003年の夏の「原発の炉心のひび割れ発覚問題」であり、これは、イラク戦争前に、爆撃基地を周辺国のオマーンやドバイの首長（エイミレイツ、王様）たちから借りるために、首長たちにせがまれて、その報酬として天然ガスを輸出させる必要がどうしてもあって、日本がその受け皿にされたのだ。

立川敬二《たちかわけいじ》NTT会長以下は、先の読めないボンクラ経営者なのか、と言うと、そうではない。彼らは、脅されているのである。「今の地位から失脚したくなかったら、アメリカの言うことを聞け」と暗黙で脅されているのである。三井住友銀行の株式が２００３年２月に売りあびせにあって暴落して５０００億円ほど損をさせられたのも報復行動だった。

こういう真実を、専門家たちは知っているくせに、誰も書かない。みんなアメリカが怖いのだ。自分が被害者になることが怖いのだ。私は怖くない。何ものも恐れず本当のことを書いていく。言論人として国民に伝えるべきことを伝えていく。

ただし、私のような言論人などというものは、無力であって、貧乏で、よく言えば、一《いっ》匹狼《ぴきおおかみ》、悪く言えば、野良犬である。私は、どこの組織、団体、集団の庇護も受けないで、たった一人で書いてきた。この態度を死ぬまで変えない。私は、あるべき国民言論の大道を堂々と生きていく。

累積する財政赤字のツケを政府は金持ち老人たちに払わせようとしている

くり返すが、日本には８００兆円の累積の財政赤字がある。その問題を解決しようとして、官僚たちは必死で金持ち老人たちの資産を狙っている。課税して吸い上げて、それで財政赤字解消の足しにしようとしている。

ところが、この苦境に陥っている日本は、同時に、アメリカに米国債買いの形で、合計400兆円もの資金を貸している。政府部門だけでも140兆円ぐらいを貸している。日本は世界一の「対外的な債権大国」なのである。今でも日本は金融大国（金満国家）なのである。だったら、アメリカに向かって、「日本は財政赤字がひどいので、貸してあるお金を返してください。米国債を売りたいと思います」と言えばいいのである。

ところが、それが言えない。政治家たちも、官僚のトップも誰も言えない。自分は、800兆円もの財政赤字（累積の借金）を抱えているのに、ところが、反対に400兆円も人に貸している。そして自分の手元はすっからかん状態になりつつある。

だったら、まず「貸してあるお金を返してくれ。自分の借金を返したいので」と言うのが道理ではないか。それをアメリカに向かって政府閣僚が、誰も言えない。言えば首が飛ぶ。本当に首が飛ぶ。ブッシュ大統領の忠犬ポチである、小泉首相に官邸に呼びつけられて、「君ねえ。本気でそんなことを言っているの」と叱られる。今の日本はこういうふうにだらしない国なのだ。

だから、日本の資産家たちは怒るべきなのだ。自分の家に、税務署の厳しい調査が入ったら、従来のような、低姿勢一方ではなくて、「痛い腹を探られている」と、自覚があってもいいから、それでも以下のように反論すべきである。ただ感情的になって、粗野で下品なだけの「この税金泥棒め」というような悪口を言うのではなく、「どうして、日本の財務省と国税庁は、アメリカに文句を言わないのか。アメリカに貸してある金を取り戻すのが、先決ではないのですか。私たちをこうやって、いじめるよりも」と言うべきだ。これには税務署員も参るだろう。正論だからである。

800兆円もの借金を背負っているのに400兆円貸し出す日本という国

日本国が抱える、総計で800兆円の累積の財政赤字の概略、内訳は次の通りである。このことを私は、自分の他の金融・経済ものの本で再三書いてきた。日本の経済評論家として7年前の、「アジア通貨危機」（それに連動する日本の金融危機）の一番初め頃から、私は、これらの数字を挙げて書いてきた。『日本の危機の本質』（講談社刊　1998年）である。

私は、このことにも自信を持っている。他の金融評論家たちは、私の本を読んでから「日本の財政赤字は……」と言い出したのだ。

まず、450兆円の普通国債。それから200兆円くらいの政府の長期借入金、そして47都道府県が合計でそれぞれが抱えている負債の、その合計が150兆円ぐらいある。これらを合わせて800兆円の負債を抱えているのだ。

断っておくが、これは毎年の、「単年度の」財政赤字ではない。単年度の財政赤字なら、GDPの8~9%程度であるから毎年40兆円ぐらいのものである。ところが、これがこの30年間にどんどん累積して根雪《ねゆき》のようになっている。これを財政学の専門用語では、「公的債務残高《こうてきさいむざんだか》」とか、「政府債務残高」と呼ぶ。

何度も書いてきたとおり、それなのに、その一方で、400兆円ものお金を大半は米国債の形でアメリカに貸し付けている。それでいて、日本国内には大借金、大財政赤字があって、財政は〝火の車〟だ、というのも実におかしな話だ。何も米ドル建てで、アメリカにそんなお金を積んでおく必要などまったくない。

日本国内の大借金を返すのであれば、まずこの米国債を売って、それで穴埋めすればいい。たったこれだけのことを明確に主張する言論人は、日本国の中に誰もいない。

米国債売却をめぐる発言をした政治家の中で、真の愛国者は加藤紘一だけだ

ただ政治家では首相経験者である、橋本《はしもと》龍太郎《りゅうたろう》元首相が、1997年6月に渡米先のプリンストン大学の講演会で、「米国債を売りたい」という発言をして、それでアメリカ側を怒らせた。

この事実は、その後、今から4年前に、日本テレビ（読売テレビ）の番組で、たまたま出演していた私が、橋本元総理に向かって、「日米関係には密約があって、毎年、日本は30兆円ずつ、赤字国債を発行しなければならないはずだ。（このことを、あなたは自分の番記者だった人に、言論誌のインタビュー対談でしゃべっているではないか）」と私が言ったところ、橋本元総理は、「君は何を言うんだね。私は、（アメリカに対して、堂々と）米国債を売り払いたいと言った（日本の愛国派の政治家なの）だよ」と、突如、私に向かって言った。橋本龍太郎が怒りながら言ったので、私はもう反論できなかったし、このテレビ番組は臆病者の集まりだから、二度と私を出演させない。

そんなことは構わないが、この時、橋本元首相が、「私は、米国債を売り払いたいと言

ったのだ」と言ったことが極めて重要である。橋本龍太郎は、竹下登元首相の忠実な子分のひとりであり、田中角栄《たなかかくえい》倒しの時以来の政治家である。田中角栄を真の愛国者で、アメリカと対等に渡り合って、それでアメリカに謀略（文藝春秋の「田中金脈研究」とロッキード事件）で潰されたかわいそうな政治家だと考える私としては、好きではない政治家だ。

彼が、愛国者なら、あんな1998年10月の「金融ビッグバン」（外為法の大改正）などという日本国が、金融外資に乗り込まれて、強姦されたに等しい結果になった法律を、アメリカの圧力に屈服して通さなかったはずだ。このあと日本の生保・証券・銀行が、どんどん金融外資に乗っ取られていった。

橋本龍太郎は、この金融敗戦（マネー敗戦）の責任を痛感して、さっさと引退するべきなのに、まだ、ずるずると政治家をやっている。日本には、首相経験者のくせに引退しないでまだ現職で議員をやっているみっともない人間がたくさんいる。恥を知れと言いたい。

私は、同じく、かつての実力者の加藤紘一《かとうこういち》氏が、1997年11月に次のように発言したことも把握している。加藤紘一は言った。「日本政府だけで100兆円も米国に貸している。これを一部売って、国内の投資にまわすべきではないか」と発言した。

アメリカの財務省は、この手の発言だけは放って置かない。それで加藤は、小泉よりも格が上の政治家であり、宏池会《こうちかい》（吉田茂の系譜）を率いて日本の首相になるべくしてなる立場にあった人なのに、アメリカに嫌われて、謀略を仕掛けられて失脚した。田中真紀子《たなかまきこ》も同様である。今回、加藤は議員として復活した。そして、「日本政府（日銀）は、どうして米ドルばかり買うのか。ユーロ（欧州統一通貨）や金《きん》も買ったらいい」と自民党の部会で発言した。加藤紘一は、愛国者なのである。

こういう発言が相次ぐと、ジョン・スノー財務長官が、忙しいのに飛行機に乗って、日本までやって来て、実力者の政治家たちを、またしても、虎ノ門のアメリカ大使館公邸に呼びつけて、怒鳴りまくるのだろう。

相続税の課税強化のシナリオは着々と進行している

だから日本の総務省と財務省は、アメリカ様から資金を返してもらうことは出来ない、と踏んで、それで日本国の財政赤字の半分の４００兆円を日本の資産家たちから取り立てよう、という計画を立てた。志《こころざし》の高くない腰抜け官僚たちである。

彼らの言い分はこうである。「あなた方が、戦後に資産家になって、いい思いをしたのは、国のおかげでしょう。日本がアメリカの後押しを受けて高度成長経済で豊かになったから、それにつられて資産家になったのだ。だから国にお世話になった分を返しなさい。全部を奪おうというのではないのだから」というのが、これが国側の理屈であり言い分だろう。一理あるし、十分に筋が通っている。私もそう思う。だから相続税の課税の強化なのである。今年の1月に『読売新聞』に次のような記事が載った。

相続課税、2006年度に強化　基礎控除引き下げ方針／政府税調

政府税制調査会（首相の諮問機関）は11日、相続税の課税強化に向けた本格的な検討に入る方針を固めた。現行では「5000万円に、法定相続人1人に付き1000万円を加算した金額」となっている基礎控除額を引き下げ、相続税の課税ベースの拡大を目指す。16日に開かれる政府税調総会を踏まえて具体的な審議に入り、2004年中に課税の大枠を決め、2006年度税制改正に盛り込む考えだ。

相続税は現状では、基礎控除額が高いため、死亡者20人に1人弱しか課税されていないのが実態だ。基礎控除額を引き下げることなどで、こうした現状を改め、10人に1人程度まで課税対象を拡大する方針だ。

具体的な控除額の引き下げ幅は、現在の水準まで基礎控除額が引き上げられた1994年以降、物納などで相続税と密接な関係のある地価がどれほど下落したかなども考慮しながら、検討する。ただ、配偶者が相続する場合は、生活を支援するために一定の控除を残す方向で検討を進める。

課税は原則として葬式費用などを差し引いた遺産総額を基準とする。法定相続人が受け取った額を基準に10~50%まで税率を変化させる現行の累進税率も抜本的に見直す方針だ。

(読売新聞　2004年1月12日)

このように、「相続税の基礎控除額を引き下げる」という手法で国は、資産家層の枠を広げることで、なるべく多くの人を相続税の課税対象にしようとしている。「相続税は現状では……死亡者20人に1人弱しか課税されていない……こうした現状を改め、10人に1人程度まで課税対象を拡大する方針だ」としている。「20人に1人」というのは、国民の5%である。やはり金持ち老人(資産家)というのは国民の5%ぐらいの人たちなのである。日本国の人口は1億2600万人であるからこの5%は500万人強だ。資産家の家族も資産家であるからやはり国民の5％が資産家だ。

税務署には管内の金持ちたちの資産状況が資料として溜め込まれている

ここから先は、本当はあまり書きたくない事である。このことを書くと、私の大学時代の友人が国税庁の中で出世がとまるかもしれない。財務省のエリートは東大法学部を出ているが、国税庁はその出先機関というか〝現場〟である。国税庁でもトップあたりは東大法学部出身が就くが、そこから下の実務官僚の中堅幹部の連中は、早大法学部や慶大経済学部の出身者が就く。私の旧友が、かつて私に教えてくれた言葉が今も耳に残っている。

「あのなあ、副島。税務署には〝黄色い封筒〟というのがあるんだよ。この黄色い大きな茶封筒になあ、その管轄内の金持ちたちのひとりひとりの資産状況や、お金を動かした記録が資料として溜め込まれるのだ。おれたちは、2年に一度、全国あちこちを猫の目のように転勤で渡り歩く。しかし、ある都市に住んでいる、ある税務署管轄の、資産家の資金や資産の動きは、この大きな茶封筒の中に順番に収めてあるんだ。担当の人間が次々に変わるだけで、係から係へとこの茶封筒は引き継がれていくんだよ」

そして、この国税庁の役人は、さらに言った。「この老人の代《だい》で税金を取れなければ、息子の代で取ればいい。息子の代で取れなければ、孫の代で取る。そういう計画なんだよ」と言い放ったのである。たいしたものだ。だから、まず金持ち国民に十分に経済活動をさせてお金を儲けさせて、資産をたくさん蓄えさせておいてから、あとでまとめてガッポリと税金を国が取る、という官僚思想を彼らは実際に持っているのである。

ところが、よくよく考えてみれば、最初に述べたように、世界覇権国・アメリカは日本という実によく働く工業ロボット（アシモ君）のような日本人に、十分に経済活動をさせて儲けさせておいてから、それからガッポリと奪い取っていく。これと同じことではないのか。私がここまで言うと、皆、さすがに顔を背ける。それでも事実は事実だ。私たちの日本国を包み込む一番大きな事実だ。

どうして自分の子供や孫にお金を渡すのに税金の心配をしなければならないのか

だから、ひとり分ずつの大きな茶封筒によって、日本の資産家たちは管理されている。コンピュータなどで管理しているのではない。おそらく、５００万円単位のお金が動くと、資産家たちはその根拠を後で税務署員から問われることになる。だから、資産家層は、いじましいことに、子供や孫一人ずつに毎年、１１０万円ずつの非課税枠を使って、無税で贈与が認められている制度を使って、毎年毎年、資産を贈与しているのである。

しかし、いちいち、自分の孫にお金をあげるのに、税務署の心配をしなければいけないものだろうか。１００万円や２００万円のお金を、血縁者に、ただあげるとか、「お年玉」とか「お祝い金」としてあげる時にまで、そんなものにまでわざわざ申告義務を課して、贈与税を払わなければならないことになっている。が、そんなことは実際にはたいていの人は、しないはずだ。ここが法律を厳密に解釈する時と、世の中の実態とのズレがある。

ここで法律学の基礎知識に戻ろう。

例えば、ある人が、友達の財布の中から、５０００円札《さつ》を盗んだとしよう。この者は本当に窃盗罪に問われるのか。それは窃盗罪になる、というふうに、大学の法律学・刑法の勉強ではなるだろう。しかし、誰が、たったの５０００円をくすねた友人を警察や裁判所に訴えて、窃盗罪として有罪判決まで受けさせることがあるだろうか。だから、世の中では実際は、「５０００円返せよ」と言って返せば何事もなかったかのように済んでしまう。たいていはそうである。

だから、世の中の実態はそのようなものであって、税務所や役人が細かく法律解釈して、「納税義務が生ずる」とか、「課税対象となる資本収益《キャピタル・ゲイン》ですから、所得申告しなければいけませんよ」などと偉そうに脅しをかけてくることに、私たちはいちいちおびえる必要はないだろう。あくまで、申告納税制度《しんこくのうぜいせいど》という、制度の原理に立ち戻って、「私は今年、これくらいの収入があり、これくらいの金額を国家に貢献する意味で税金として払います」という趣旨に戻ればいい。

総額20兆円にのぼるであろう「タンス預金」の実態

しかし、その一方で、日本国内で〝あぶく銭〟に近い「休眠資産」となって隠れて死んでいる金融資産を、国（政府）がこれをあぶり出し、社会の実体経済や貨幣の流通の中に置き戻そうという動き自体は決して間違っていない。これが、「タンス預金」という言葉で語られる休眠資産のことである。

資産家にしてみれば、自分の命の次に大事な虎の子の資金である。これを、銀行や郵便局に預けることも出来ずに、家の床下に、ジュラルミンのケースなどに寝込ませたり、コンクリートで固めて特別に作った場所に隠して保管したりしているのである。

　これらの休眠している資金を、国の経済活動の中にもう一度置き直そうという努力は政府や官僚としては当然に行うべきものであると、私も思う。なぜこういう事を私は言うのかというと、このことも危なくてなかなか書けない話であるが、やはり書いてしまおう。「タンス預金」になっていると思われる総額20兆円ものお金が、全国の資産家たちの家の床下に眠っている。それはなぜか。率直に書くと、これらのお金はオモテに出せなくなったお金なのである。大半がそうなのだ。

　これらのお金の大半は、実は、資産家たちが、土地やマンション、アパート、貸しビル等を処分（売却）するという行動を取ったときに発生したお金である。例えば、ある実際には7億円で売ったマンションを5億円で売ったことにして、税務署には5億円で届けて、その額に応じた税金を払う。しかし、売却した相手である親戚には実際は7億円で売っているわけである。差額の2億円の現金が実際には動いたのだが、その2億円はオモテに出せなくなってしまっている。

　これらがいわゆる「タンス預金」なるものの実態だ。だが、これを「脱税したお金」などと呼んではいけない。「脱税」というのは、課税逃れ10億円ぐらいから上の悪質な所得隠しのことで、東京地方検察局の中の、さらに特別捜査班である、通称、〃地検特捜部《ちけんとくそうぶ》〃が摘発するような事件の対象になるものである。

それに対して、タンス預金は、通常は「申告義務のあるお金」とか「修正申告の対象となる資産」とか呼ばれるものだと思う。その隠してあるお金のあり場所が税務署に見つかってしまうと、それは「修正申告」をしなければならない。それに基づいてこの2億円に対して、4000万円とかの税金を払わなければならない。「タンス預金」とは実は、そのような種類のお金なのである。ただ単にタンスに預けている大金のことではありません。

全国の資産家の老人たちの一部が、これらのオモテに出せなくなったお金を抱えて、一体どうしたらいいか、夜も眠れないで悩んでいるらしい。それを、「よし、外国に逃がそう」というような行動をするときに、これに対して金融庁が「待った」をかけようとしている。「キャピタル・フライト（資金逃避）」が起きないようにどんどん法律を改正して、それらのお金が国外に逃げ出さないようにするための攻防戦を、目下、金融庁・税務署と資産家たちが繰り広げている。

日本政府こそが国内の貴重な資金を海外に流出させている元凶だ

私は、前の本の『預金封鎖』にも書いたが、この時、税務官僚たちは、「自分たちは、国民を公平に取り扱って、平等に義務を課して、法律に従って正しく国家に対して税金を払ってもらっている」という言い方をする。

このときに、「すべての人を平等に取り扱う」と言いながら、税務署や役人たち自身は、自分たち自身が特別な地位にあって極めて特別な行動を取っているのだ、ということに自覚がない。自分たちが役人であり特別な権力を振るっている人間たちなのであることにどうも、自覚が足りないようである。すべての人を平等に取り扱う、と言うときに、当《とう》の本人は決して平等でないことに、自覚がない。このことに対して私は怒るのである。

再度書くが、「キャピタル・フライト」（資本逃避）というのがある。日本国内の貴重な資金が外国に逃げることである。役人たちは、これを阻止しようとする。ところが、これまでに書いたとおり、今の日本で、キャピタル・フライトの一番、最悪な行動を取っているのは日本政府自身なのである。

去年、2003年1年間で20兆円もの米国債を買った。今年の1、2月だけで10兆円も買った。前述したごとく、すでに合計400兆円（3・6兆ドル）もの日本の資金が、米国に逃れ出ている。これをキャピタル・フライト（資金逃亡）と呼ばずして、一体、他の何をキャピタル・フライトと呼ぶのか。

ところで、ついでに書くが、いくら強力なアメリカの政府高官たちと言っても、実は、自分たちの系統上の上司であり、親分であるニューヨークの金融ユダヤ人どもの力の前に脅され、屈服しているのである。どこの国もこの構造は同じである。

日本政府自身がこうやって、率先して巨大なキャピタル・フライトをやっているくせに、国民の資産家の資金逃しをまず最初に取り締まろうという根性が間違っていると私は思う。日本は中国と同じ儒教文化の国なのだから、国民に何かを命令するときには、まずお上《かみ》でありお奉行様である自分たちが、まず範を垂れるべきなのである。

金持ち国民が、あまりにも不甲斐ない、自分たちの財産を守ってくれる能力のない自国の金融官僚に、見切りをつけて自分の大切な資産を守るために、外国への投資にまわそうとするのは自然なことである。

日本国民の資産の運用の自由（憲法29条　財産権の不可侵）を役人たちが勝手に規制す

ることは間違っている。「金利0・05％の国内の金融商品で我慢せよ」などと、とても国民に言えることではない。諸外国では、どんなに安くても、年率5％から6％で運用されている。

10年前の日本もそうだった。生命保険（養老保険）に入っても、これも金融商品だから、配当やら特別配当やらで、実質で年率6％ぐらいの利回り《イールド》が出たのである。今は、生命保険の配当金は1円も出ないどころか、さらには、「生保の予定利率の変更」などという訳の分からない言葉を使って、それで、加入者の死亡時の受け取り保険金額を、各社一律で、65％ぐらいに減額する決断をした。

一律でどうして、一体、誰のせいで、こんなおかしな国にされてしまったのか？　日本の資産家たちは怒るべきなのである。

第七章

日本人よ、騙されるな、目を覚ませ

ラスヴェガスはアメリカの「金融経済特区」である

さて、ここからは、本書の初めの方で書いたことだが、アメリカ国内にある「タックス・ヘイヴン」(tax haven 租税回避地)の話をしよう。

私がネヴァダ州のラスヴェガスを先々週に調査して分かったことだが、ラスヴェガスは、単なる賭博の街、ギャンブルの都市ではない。今のラスヴェガスのギャンブルのための政府公認の賭博場カジノ(casino 正確には、英語ではキャシーノウと読む)は、すでにただの遊技場である。噂に聞いていた昔の賭博場の凄みも迫力もなかった。

ラスヴェガスの大型ホテル30個ぐらいの、それぞれの一階のフロア全体が、カジノになっていて、そこでルーレット賭博と、ダイス(さいころ)賭博と、カード(トランプ)賭博を少額な掛け金でやっているだけだ。昔、政治家の浜田幸一《はまだこういち》氏が、ラスヴェガスで2億円すったというような豪勢な感じはかけらもなくなっている。それよりも、今のラスヴェガスはディズニーランド(あるいは、フロリダのディズニー・ワールド)と同じようなアメリカの一般大衆が家族旅行でやってくる街になっている。アメリカ国民の息抜きのリゾ

副島隆彦が推奨する
世界水準の優良ファンド　69銘柄

これらの優良ファンドは、ヘッジファンドではなくて、通常のBuy&Hold戦略のファンドである。これらのほとんどは、いわゆる「積立プラン対象のファンド」である。クレジット・カードを使って、月々少額ずつ、年金替わりに数種類のファンドに分散投資するプランのものである。これらは、比較的若い世代（40代前半まで）向けであろう。繰り返すが、投資・運用は、あくまでも自己責任で行っていただきたい。信頼できる投資コンサルタントをご紹介します。問い合わせは下記まで。

副島隆彦メールアドレス　GZE03120@nifty.ne.jp
副島隆彦事務所FAX　042-548-1740

Circus Capital Ltd.
サーカス・キャピタル・リミテッド
住所：57th Floor, 5710 The Center, 99 Queen's Road, Central, Hong Kong
URL：http://www.circuscapital.com/

ファンド名	2001年	2002年	2003年	設定来年平均	Sharpe
Circus Capital Science and Innovation Fund (SIF) サーカス・キャピタル・サイエンス・アンド・イノベーション・ファンド	42.5%	21.8%	22.4%	29.52%	0.78

Alliance Capital Management LP
アライアンス・キャピタル・マネジメント
住所：(Service Centre) 18, rue Eugene Ruppert　L-2453 Luxembourg
URL：http://www.acmfunds.com

ファンド名	2001年	2002年	2003年	設定来年平均	Sharpe
ACM American Value (Class A) エーシーエム・アメリカン・バリュー（クラスエー）	-6%	-25.2%	28.9%	-2.85%	n/a
ACM Asian Technology (Class A) エーシーエム・アメリカン・バリュー（クラスエー）	-19.6%	-16%	37.8%	2.56%	n/a

副島隆彦が推奨する世界水準の優良ファンド　69銘柄 ①

ート都市である。

しかし、このラスヴェガスには、もうひとつ重要な顔がある。それは、「タックス・ヘイヴン」（租税回避地）としての顔である。ネヴァダ州は、金持ち老人たちが、引退後の生活をゆったりと営むために移り住んで来ている「金融経済特区」の都市なのだ。そのことが、今回調査してみてよく分かった。

中心の大型ホテル群の地区を取り囲むように、コンドミニアムとよばれる高級リゾート地用の高層マンション群がある。ここに資産家たちが移り住んで来ている。あるいは、住所だけ移したり、自分の個人名義のペーパーカンパニーを作って、ここに年に何度か避暑で訪れて、それで自分の資産を保全する。それが今のラスヴェガスなのである。

ギャンブルの好きなお年寄りが集まっている、ということもあるのだろうが、彼らの掛け金はたかが知れていて、1万ドル（110万円）も賭ければ大金だ。ギャンブルの世界の裏の真実は私には分からないし、私は賭け事は嫌いなので興味はない。

それよりも、ネヴァダ州が、アメリカの50州の中で、そういう特別な州になっていることを確認できてよかった。このことは、日本で言えば、今、急速に、沖縄が、「経済特区」として伸びていることに似ているだろう。

ACM Global Bond Portfolio エーシーエム・グローバル・ボンド・ポートフォリオ	1.6%	4.8%	5.5%	5.65%	n/a
ACM Global Growth Trends Portfolio エーシーエム・グローバル・グロース・トレンズ・ポートフォリオ	-14.4%	-18.7%	33%	11.97%	n/a
ACM Global Value Portfolio エーシーエム・グローバル・バリュー・ポートフォリオ	-4.8%	-15.6%	31.6%	2.81%	n/a
ACM International Health Care Fund エーシーエム・インターナショナル・ヘルス・ケア・ファンド	-17.2%	-17.9%	21%	8.83%	n/a
ACM Short Maturity Dollar Portfolio エーシーエム・ショート・マチュリティ・ダラー・ポートフォリオ	3.6%	0.7%	2%	3.52%	n/a
ACM Strategic Investments Technology エーシーエム・ストラテジック・インベストメンツ・テクノロジー	-16.7%	-14.6%	4.5%	11.01%	n/a
ACM-New Alliance- Greater China エーシーエム・ニュー・アライアンス・グレーター・チャイナ	-8.1%	-12.7%	88.8%	13.54%	n/a

LM Investment Management Ltd.
LMインベストメント・マネジメント

住所：9 Beach Road, Surfers Paradise QLD 4217, Australia
URL：http://www.lmaustralia.com/

ファンド名	2001年	2002年	2003年	設定来年平均	Sharpe
LM Mortgage Income Fund (1年自動更新) エルエム・モーゲージ・インカム・ファンド	7.5%	8.12%	n/a	n/a	n/a

Morgan Stanley Investment Management Ltd.
モーガン・スタンレー・インベストメント・マネジメント・リミテッド

住所：25 Cabot Square, Canary Warf, London E14 4QA, England
URL：http://www.morganstanley.com/sicav

ファンド名	2001年	2002年	2003年	設定来年平均	Sharpe
MS Emerging Markets Debt エムエス・エマージング・マーケッツ・ディート	27.67%	15.18%	18.72%	n/a	1.83
MS European Equity Growth エムエス・ヨーロピアン・イコリティ・グロース	20.39%	-12.38%	-1.5%	n/a	n/a
MS European Value Equity エムエス・ヨーロピアン・バリュー・イコリティ	20.93%	-7.06%	2.45%	6.8%	0.34
MS Global Brands Fund エムエス・グローバル・ブランヅ・ファンド	37.68%	13.04%	n/a	n/a	0.92

副島隆彦が推奨する世界水準の優良ファンド　69銘柄 ②

日本政府は、本当に沖縄を、香港並みの「フリーポート」（free port 租税免除の自由商業都市。日本の戦国時代の、自治都市だった堺の港のような地区）にする決意と覚悟があるのかは私にはまだ分からない。

が、それでも中国の経済発展に伴って、沖縄は、歴史的に、「三角貿易」の「中継ぎ港、中継ぎ貿易」の王国であるから、きっと実勢としても、このあとフリーポートとなっていくだろう。

ただし、財務省・国税庁の役人たちが、自分たちの「一律公平の課税権限」を楯《たて》にとって、「沖縄の例外を認めない」と言い張れば、それもどうなるか分からない。自由交易都市《フリーポート》になれば、麻薬や犯罪や脱税資金も当然に流れ込んできて、そして人間の欲望が渦巻く活気のある都市になる。

それを人間（人類）の本能の一部として認めるのか、それとも、やっぱり禁圧するのか、でこれから先の日本の国家体制も微妙に変わってくる。沖縄にはたくさんの米軍基地があるから、その問題もからんで、沖縄の経済特区構想は進行している。アメリカ政府としては、沖縄の特別扱いを後押ししたいようである。

MS Euro Bond Fund エムエス・ユーロ・ボンド・ファンド	3.53%	5.71%	3.85%	n/a	0.85
MS U.S. Bond エムエス・ユーエス・ボンド	3.48%	6.34%	5.60%	5.89%	1.61
MS U.S. Equity Growth エムエス・ユーエス・イコリティ・グロース	30.16%	-9.90%	-3.41%	9.42%	0.42
MS U.S. Property エムエス・ユーエス・プロパティ	43.29%	14.11%	13.59%	n/a	1.10
MS U.S. Small Cap Growth エムエス・ユーエス・スモール・キャプ・グロース	51.44%	-2.21%	9.83%	12.14%	0.44
MS World Equity エムエス・ワールド・イコリティ	39.44%	-3.90%	n/a	n/a	n/a

Thesis Asset Management Int. Ltd

ジーシス・アセット・マネジメント・インターナショナル・リミテッド

住所：PO Box 336, Anson Court, La Route des Camps, St Martin, Guernsey, GY1 3UQ
URL：http://www.glanmore.com/

ファンド名	2001年	2002年	2003年	設定来年平均	Sharpe
Glanmore Property Fund グランモア・プロパティ・ファンド	8.56%	26.23%	63.22%	n/a	1.54

Investec Asset Management Limited

インベステック・アセット・マネジメント・リミテッド

住所：2106-2108 Jardine House, Central, Hong Kong
URL：http://www.investec.com/

ファンド名	2001年	2002年	2003年	設定来年平均	Sharpe
Investec Global Strategy European High Income Bond インベステック・グローバル・ストラテジー・ヨーロピアン・ハイ・インカム・ボンド	29.30%	11.80%	3.80%	0.70%	n/a
Investec Global Strategy High Income Bond インベステック・グローバル・ストラテジー・ハイ・インカム・ボンド	25.70%	47.10%	53.50%	8.90%	n/a
Investec Global Strategy Global Privatisation インベステック・グローバル・ストラテジー・グローバル・プライベーゼイション	51.80%	13.50%	35.40%	6.20%	n/a
Investec Global Strategy Global Growth インベステック・グローバル・ストラテジー・グローバル・グロース	44.50%	-37.30%	n/a	n/a	n/a
Investec IF Sterling Money インベステック・アイエフ・スターリング・マネー	11.60%	26.90%	22.30%	n/a	n/a

ネヴァダ州は各種の法律を整備したアメリカ国内にあるタックス・ヘイヴンだ

それが、アメリカのネヴァダ州の場合は、すこし事情が違う。ネヴァダ州は、ネヴァダ砂漠の中にある。乾燥した砂漠気候で、暖かくて冬もしのぎやすいが、他の州に比べて産業がない。それで、ネヴァダ州民は、自分たちの意思で、自分たちの州の法律を作って、それで全米の金持ちたちを惹きつけるという政策を断行している。

アメリカの50の州は、それぞれが一個の国《ステイト》であるから、それぞれの州の議会と政府があって、ここでふつうのことは何でも決めて実行している。他の州に口出しさせない。だから、企業誘致と、停年退職後の裕福な老人たちが移り住んで来ることを奨励して、各種の法律を整備した。これで、「アメリカ国内にあるタックス・ヘイヴン」なのである。

ネヴァダ州以外にも、同じような「徹底した非課税の州」になって、有名なのは、東部ではデラウエア州である。それから西部ではもうひとつ、ワイオミング州がある。この3つの州が現在、アメリカ市民向けのタックス・ヘイヴンとして有名である。以下に、ネットから拾ったネヴァダ州の、州政府の宣伝文章を載せる。

INVESCO Asset Management Limited
インベスコ・アセット・マネジメント・リミテッド

住所：12/F, Three Exchange Square, 8 Connaught Place, Hong Kong
URL：http://portal.invesco.com.hk/invesco/default/page/article/multisection/0,3563,1670613_1704820,00.html

ファンド名	2001年	2002年	2003年	設定来年平均	Sharpe
Invesco GT Developing Markets インベスコ・ジーティー・デベロッピング・マーケッツ	65.60%	26.50%	53.60%	9.00%	n/a
Invesco GT Japan Fund インベスコ・ジーティー・ジャパン・ファンド	67.90%	-16.30%	-8.20%	-1.70%	n/a
Invesco GT Nippon Enterprise インベスコ・ジーティー・ニッポン・エンタープライズ	60.00%	-27.30%	-12.70%	-2.70%	n/a
Invesco GT Bond Fund インベスコ・ジーティー・ボンド・ファンド	11.50%	36.00%	23.30%	4.30%	n/a
Invesco GT Healthcare インベスコ・ジーティー・ヘルスケア	32.20%	-7.60%	6.30%	1.20%	n/a
Invesco GT Technology インベスコ・ジーティー・テクノロジー	32.10%	-69.80%	-52.20%	-13.70%	n/a
Invesco GT Telecommunications インベスコ・ジーティー・テレコミュニケーションズ	35.90%	-68.50%	-50.10%	-13.00%	n/a
Invesco GT Asean インベスコ・ジーティー・アセアン	66.20%	35.90%	27.60%	5.00%	n/a
Invesco GT Global Enterprises インベスコ・ジーティー・グローバル・エンタープライズ	56.90%	-1.00%	31.70%	5.70%	n/a
Invesco GT Newly Industrialised Countries インベスコ・ジーティー・ニューリー・インダストリアライズド・カントリーズ	46.80%	13.60%	28.70%	5.20%	n/a

Baring Asset Management
ベアリング・アセット・マネジメント

住所：19th Floor, Edinburgh Tower, 15 Queen's Road Central, Hong Kong
URL：http://www.baring-asset.com/

ファンド名	2001年	2002年	2003年	設定来年平均	Sharpe
Baring Europe ベアリング・ヨーロッパ	43.80%	-19.90%	-30.00%	-6.90%	n/a
Baring Australia ベアリング・オーストラリア	46.20%	36.20%	57.40%	9.50%	n/a

副島隆彦が推奨する世界水準の優良ファンド　69銘柄 ④

ネヴァダ州政府経済促進委員会

1990年以降、ネヴァダ州は全米一急成長を続けている州であり、中でもラスヴェガスは急成長し続けている都市と言われています。高度成長を維持している背景には、一国に匹敵し世界6番目の経済を誇ると言われるカリフォルニア州の東側に隣接していることが挙げられます。

また、法人税や所得税といった税金制度が同州には存在しないことや、地価や生活費も他州に較べて安いこと等生活しやすい環境が成長の理由とも考えられます。ラスヴェガスが世界一のエンターテイメント都市として知られているのは、昨年訪れた5000万人の観光客のうち、500万人は海外からの観光客であるからでしょう。また、日本人観光客がその大半を占めています。

ネヴァダ州は、単にエンターテイメントやアウトドアといった観光目的だけに限りません。製造業は非常に豊富で、過去10年間で輸出率が3倍に増加しており、特にハイテク産業が輸出の大半を占めています。同州の第2貿易国は日本であり、在ネヴァダ州の外資系企業の40%を日本企業が占めています。

ネヴァダ州に関する情報は、州政府ウェブサイト　www.expand2nevada.com/

Baring Korea ベアリング・コリア	36.40%	60.20%	95.70%	14.40%	n/a
Baring High Yield Bond ベアリング・ハイ・ユールド・ボンド	13.50%	18.00%	41.10%	n/a	n/a
Baring International Bond ベアリング・インターナショナル・ボンド	16.10%	34.50%	18.10%	n/a	n/a

Fidelity Investments
フィデリティ・インベストメンツ
住所：17/F One International Finance Centre,1 Harbour View Street, Central Hong Kong
URL：http://www.fidelity.com.hk/

ファンド名	2001年	2002年	2003年	設定来年平均	Sharpe
Fidelity Malaysia フィデリティ・マレーシア	28.30%	23.20%	179.70%	22.80%	n/a
Fidelity Singapore フィデリティ・シンガポール	52.80%	1.70%	28.00%	5.10%	n/a
Fidelity Thailand フィデリティ・タイランド	98.00%	118.30%	65.50%	10.60%	n/a
Fidelity France フィデリティ・フランス	25.50%	-40.10%	-9.80%	-2.00%	n/a
Fidelity Germany フィデリティ・ジャーマニー	48.40%	-44.10%	-18.60%	-4.00%	n/a
Fidelity Iberia フィデリティ・イベリア	34.00%	-10.40%	-4.80%	-1.00%	n/a
Fidelity European Small Companies フィデリティ・ヨーロピアン・スモール・カンパニーズ	42.80%	-40.20%	n/a	n/a	n/a
Fidelity American Growth フィデリティ・アメリカン・グロース	41.80%	-20.80%	n/a	n/a	n/a
Fidelity International Fund フィデリティ・インターナショナル・ファンド	31.00%	-27.80%	n/a	n/a	n/a

副島隆彦が推奨する世界水準の優良ファンド　69銘柄 ⑤

newsite/whatwedo/Japanese_Investment_Guide.pdf にて Nevada Investment Guide for Japanese Companies（ネヴァダ州投資ガイド日本企業版）をご参照ください。

年率0・05％という数字は、金利とはいえない

このように、アメリカ国内にも、租税回避地の都市があるのである。だから、私は思うのだが、日本人のお金持ちの老人たちも、ラスヴェガスにやってきて、自分の金融資金の一部を現地の銀行に預けて、あるいは、投資コンサルタントを雇って、運用を任せればいいのである。そうすれば、年率で15％ぐらいは儲かる。それから税金を20％引かれても、12％は手元にはいる。

何も恐ろしいことではない。普通に誰でもやれることだ。日本国内の金融機関に、年率0・05％などという恥ずべき金利で預けて、それで我慢している必要は毛頭ない。前の方でも書いたが、日本政府が、自分たちの金融資産を守ってくれないのであれば、海外に一部を移して預けるのは、当然の成り行きだ。

私が、ラスヴェガスの法人設立支援会社で対応してくれた係の人（PR《ピーアール》フォッサー）と話

First State Investments
ファースト・ステイト・インベストメンツ
住所：6/F Three Exchange Square, Central, Hong Kong
URL：http://www.firststateasia.com/

ファンド名	2001年	2002年	2003年	設定来年平均	Sharpe
CMG First State Asian Growth シーエムジー・ファースト・ステイト・アジアン・グロース	50.20%	10.70%	48.70%	8.30%	n/a
CMG First State China Growth シーエムジー・ファースト・ステイト・チャイナ・グロース	89.10%	85.70%	213.20%	25.70%	n/a
CMG First State indian Subcontinent シーエムジー・ファースト・ステイト・インディアン・サブコンチネイト	78.10%	6.60%	34.80%	6.20%	n/a

Jardine Fleming
ジャーディン・フレミング
住所：Walkway Level, Jardine House, 1 Connaught Place, Central, Hong Kong
URL：http://www.jffunds.com/

ファンド名	2001年	2002年	2003年	設定来年平均	Sharpe
Jardine Fleming Asean Trust ジャーディン・フレミング・アセアン・トラスト	79.50%	62.20%	68.40%	11.00%	n/a
Jardine Fleming India Trust ジャーディン・フレミング・インディア・トラスト	117.50%	44.00%	150.60%	20.20%	n/a
Jardine Fleming Pacific Smaller Company Trust ジャーディン・フレミング・パシフィック・スモーラー・カンパニー・トラスト	74.90%	49.20%	169.70%	21.90%	n/a
Fleming Eastern European ジャーディン・イースタン・ヨーロッパ	47.30%	30.30%	72.40%	11.50%	n/a

Franklin Templeton Investments
フランクリン・テンプレートン・インベストメンツ
住所：17/F, Chater House, 8 Connaught Road Central, Hong Kong
URL：http://www.franklintempleton.com.hk/hksite/home.jsp

ファンド名	2001年	2002年	2003年	設定来年平均	Sharpe
Templeton Euro Global テンプレートン・ユーロ・グローバル	26.40%	-21.50%	4.60%	0.90%	n/a
Templeton Global テンプレートン・グローバル	33.80%	0.40%	5.80%	n/a	n/a
Templeton Emerging Market テンプレートン・エマージング・マーケット	49.80%	35.90%	35.90%	n/a	n/a

副島隆彦が推奨する世界水準の優良ファンド　69銘柄 ⑥

していて、「日本では、銀行預金の金利は、年率０・05％ぐらいだ」と言ったら、そのアメリカ人は、「えー。そういう金利があるのか。それは金利とは言わない。こちらでは、私のチェッキング・アカウント（小切手支払い用の当座預金勘定）でさえ６％の金利が付きますよ」と言った。

国民全員が騙されていることにそろそろ気づくべきだ

日本人は、騙されているのである。国民全員で大きく騙されているのである。みんなで騙されているから、誰もそのことを不思議に思わない。誰もおかしなことだと、言い出さない。政府も、それから言論統制機関と化している、日本のテレビ・新聞も何も書かない、報じない。これはおかしなことなのだと、誰一人騒がない。そういう国に私たちは生きている。仕方なく生かされている。

私は、この時、ふと思いついたのだが、日本の資産家たちは、ラスヴェガスに、自分の金融資産の一部を移して、そして、それは、もう自分の代では日本国内に戻ってくる必要はなくすればいい。その５０００万円とかの資金は、自分のお孫さんが、たとえばアメリ

Schroder Investment Management Ltd
シュローダー・インベストメント・マネジメント・リミテッド
住所：31 Gresham Street, London, EC2V 7QA, England
URL：http://www.schroders.com/

ファンド名	2001年	2002年	2003年	設定来年平均	Sharpe
Schroder US Smaller Companies シュローダー・ユーエス・スモーラー・カンパニーズ	36.50%	22.50%	80.60%	n/a	n/a
Schroder Latin America シュローダー・ラテン・アメリカ	63.50%	14.60%	48.90%	n/a	n/a

Thames River Capital (UK) Limited
テムズ・リバー・キャピタル（UK）リミテッド
住所：51 Berkeley Square, London W1J 5BB, England
URL：http://www.thamesriver.co.uk/

ファンド名	2001年	2002年	2003年	設定来年平均	Sharpe
Thames River Eastern European テムズ・リバー・イースタン・ヨーロピアン	57.90%	159.40%	n/a	n/a	n/a

GAM Fund Management Limited
GAMファンド・マネジメント・リミテッド
住所：George's Quay House, 43 Townsend Street, Dublin 2, Ireland
URL：http://www.gam.com/

ファンド名	2001年	2002年	2003年	設定来年平均	Sharpe
GAM Japan ジーエーエム・ジャパン	41.30%	-13.00%	n/a	n/a	n/a

Allianz Dresdner Asset Management
アライアンズ・ドレズナー・アセット・マネジメント
住所：155 Bishopsgate, London, EC2M 3AD, England
URL：http://www.dresdnerrcm.co.uk/adam/index.html

ファンド名	2001年	2002年	2003年	設定来年平均	Sharpe
Dresdner RCM Little Dragons ドレズナー・アールシーエム・リトル・ドラゴンズ	56.00%	35.40%	100.80%	n/a	n/a

HSBC Asset Management (Hong Kong) Limited
HSBCアセット・マネジメント（香港）リミテッド
住所：15/F Citibank Tower, 3 Garden Road, Central, Hong Kong
URL：http://www.assetmanagement.hsbc.com/flash.htm

ファンド名	2001年	2002年	2003年	設定来年平均	Sharpe
HSBC Chinese Equity エイチエスビーシー・チャイニーズ・イコリティ	101.10%	105.10%	137.70%	n/a	n/a
HSBC Hong Kong Equity エイチエスビーシー・ホンコン・イコリティ	48.30%	3.40%	41.60%	n/a	n/a

Barclays Global Investors
バークレイズ・グローバル・インベスターズ
住所：Murray House, 1 Royal Mint Court, London, EC3N 4HH, England
URL：http://www.barclays.com/

ファンド名	2001年	2002年	2003年	設定来年平均	Sharpe
Barclays Sterling Bond バークレイズ・スターリング・ボンド	14.60%	36.50%	25.50%	n/a	n/a

副島隆彦が推奨する世界水準の優良ファンド　69銘柄 ⑦

カの大学に将来、留学する時の資金にしてあげればよい。

アメリカの私立大学は、一年で大体、3万ドル（330万円）の授業料がかかる。そのほかに生活費が3万ドルかかるとして、合わせて700万円である。5000万円あれば7年間分の費用だ。金利や運用収益《キャピタル・ゲイン》も付くからそれなりのお金である。

そして、これらの預け資金にはキャピタル・ゲインが発生しないように元本《がんぽん》組み入れ型にして、ずっと何年も寝かせればいい。そうすれば理念的に申告義務が生じる課税所得はこの資金からは発生しないことになる。そして自分が死んで遺産の一部がこうやって海外にも分散して投資に回されて、いつの間にか増えて孫子の代に生きてくる。細かい点までは詰めていないが、そういうことになると思う。

日本人が堂々とアメリカ国内に資金を移動させることを、日本の役人が「資本逃避」だと言って、反対することが出来るものだろうか。私は最後に、このことを考えている。

あとがき

私は、この本の結論として、次のことを思う。

日本政府は、日本の資産家たち３００万人を守るべきだ。今の日本政府を形づくっている自民党の実力者たちと、各省の官僚のトップたちに私は、次のような苦言を呈したい。

あなたたちは、本当に日本国民に奉仕しているのか。私にはとてもそのようには思えない。あなたたちは、自分たちの主観としては、愛国者すなわち民族主義者であって、日本国の国益《こくえき》（national interests ナショナル・インタレスト）を守るために日夜、努力していると堅く信じているだろう。

ところが、実際には、アメリカ政府やニューヨークの金融財界の意向を受けて、彼らの指図する方向で、日本国の運営、経営をなさっているのではないか。つまり、アメリカの言いなりになって、結果的に日本国民の利益に反することをやっているのではないか。私は、率直にこのように言う。

その具体例は、まさしく（1）金利（銀行利息）の異常な安さと、（2）膨大な財政赤字と、それなのに米国債買いをやり続けることの事実に、如実に現れている。

今の日本の、一年ものの定期預金の金利に致っては現在、年率０・03％などという現状を、あなた方はおかしなことだと思わないのか。１００万円を一年間銀行に預けて、利息がたったの３００円（さらに利子課税20％で手取りは２４０円になる）というのは、異常なことである。国際社会の常識としても、とても通用する話ではない。金利というのは、どんな場合でも、年率５％ぐらいはあるのが普通である。10年前の日本でもそれぐらいはあった。

イギリスの格言に次のようなものがある。「ジョンブル（John Bull イギリス人魂のこと）はどんな苦難にも弱音を吐かない。しかし年率５％以下の低金利には我慢できない」という格言《マキシム》である。これは人類社会の常識なのである。

それを、アメリカの脅迫と恫喝《どうかつ》を受けて、日本の「政・官・財」の指導者たちが怯《おび》えあがって萎縮して、言いなりになって、この異常な低金利を受け容れている。もう5年もこういう「ゼロ金利」を続けていることは許されないことである。あれこれの小難しい言い訳はもう聞き飽きた。老後の生活費を預貯金の利息で賄《まかな》おうとしていた老人たちが一番の犠牲になっている。

もうひとつは、膨大な財政赤字のことである。本文中でしつこく書いたが、日本は、現在、すでに800兆円の累積の財政赤字を抱えている。ところが、その一方で、アメリカ合衆国に、あれこれ合計で400兆円（3・6兆ドル）ものお金を貸している。その大半は、米国債買いの形である（本書の71ページ以下参照）。このことは、個人に置き換えると、800万円の借金を抱えて困りはてている人が、400万円の金を友人に貸しているのと等しい。

異常な財政赤字を抱えているので、日本の財務省と総務省とそれから国税庁は、この国の大借金問題を何とかしようとして、そこで、金持ち老人（資産家）300万人の富裕な資産に課税して、それで国の借金を穴埋めしようとしている。第六章で書いたごとく金持ち老人たちの死去に伴う相続税でこれを取り立てようという魂胆である。そのために「名寄せ」をやって資産家ひとりひとりの金融資産を把握しようとしている。

それで、日本の資産家たちの一部が現在のあまりの低金利にあきれ返って、資金を外国の銀行や投資信託に預けようとする。これはお金というものの自然な動きである。ところが、財務省、金融庁は、これにも不快感を抱いている。「年率0・05％でも国内で金利がつくのだから、それで我慢しなさい」という態度である。外国には、年率10％ぐらいの安全な金利商品がいくらでもある。その事実を日本国民が知ることを、官僚たちは嫌がる。あくまで日本国内に置いておけ、という態度である。

政治家と日本官僚たちの国民に対する、お上《かみ》やお奉行様然とした態度は、根本から間違っている。アメリカに対しては、抗議も何も出来ないでヘイコラしているくせに、国民に対しては居丈高である。

だから、日本の資産家たちは、声を大にして官僚（税務署員）たちに言うべきである。「国民の資産を狙ってばかりいないで、アメリカに預けている資金を、まず返してもらって、それで財政赤字を解決するのが筋ではないのか」と。おかしな話なのだ。こういう根本的なことを、はっきりと書いて分かりやすくみんなに知らせることを誰もしない。

だから私はこの本を書いた。日本の政権政治家と官僚たちは、アメリカ様とは対等に交渉出来ないで怒鳴られてブルブル震えている。そして国民の大切なお金をアメリカに貢ぎ続けるだけである。そのくせ日本の資産家たちに対しては、威張り腐って、お上《かみ》意識丸出しで、なりふり構わず、各種の課税強化を断行して実施している。

日本の資産家たちは、今こそ、アメリカで言うところの「納税者の反乱」（tax payers'

revolt タックス・ペイヤーズ・レヴォルト）を起こすべきである。そうすることが、長い眼で見れば、アメリカに対して卑屈に成り果てている政権政治家たちと官僚トップたちを、我々国民が守ってあげることになるのである。

国民に本当のことを伝えよ。そうすれば国民が指導者たちを守るのである。私は本書の結論としてこのことを言いたかった。

なお、第三章からの景気循環論についての説明は、極めて有能な経営分析家である、若い永山卓矢君の研究に拠った。

この本を作るにあたって、ビジネス社編集部の岩谷健一氏に大変お世話になった。また、岩崎旭社長からの温かいご支援をいただいた。記して感謝します。

2004年3月13日

副島　隆彦

副島隆彦（そえじま・たかひこ）
1953年5月1日、福岡市生まれ。早稲田大学法学部卒業。銀行員、代々木ゼミナール講師を経て、現在、常葉学園大学助教授。政治思想、法制度論、経済分析、社会時事評論などの分野で、評論家として活動。日米の政財界、シンクタンクなどに独自の情報源をもち、「民間人・国家戦略家」として研究、執筆、講演活動を精力的に行っている。主な著書に『属国・日本論』（五月書房）、『世界覇権国アメリカを動かす政治家と知識人たち』（講談社）、『英文法の謎を解く』（ちくま新書）、『預金封鎖』（祥伝社）などがある。

やがてアメリカ発の大恐慌が襲いくる

2004年4月10日　1刷発行

著　者　副島隆彦
発行人　岩崎　旭
発行所　株式会社ビジネス社
〒105-0014　東京都港区芝3-4-11（芝シティビル）
電話　03(5444)4761(代)
http://www.business-sha.co.jp

〈カバーデザイン〉石澤義裕
カバー印刷／近代美術株式会社　本文印刷・製本／凸版印刷株式会社
〈編集担当〉岩谷健一　〈営業担当〉山口健志

ISBN4-8284-1112-7

特別付録

副島隆彦　推奨

世界恐慌を乗り切るための超優良&好成績ヘッジファンド・リスト

U　R　L	騰　落　率				
	2001年	2002年	2003年	設定来年平均	Sharpe ratio
http://www.schindlertrading.com/	83.30%	96.92%	2.26%	97.19%	1.34
http://www.beachcapital.com/	3.28%	49.94%	112.18%	52.19%	1.01
No web site	41.47%	49.59%	34.35%	44.45%	1.52
http://www.quadrigafund.com/	42.56%	69.23%	26.35%	43.39%	1.09
http://www.fallrivercapital.com/	12.26%	40.91%	36.38%	37.93%	1.40
http://www.fmgfunds.com	31.62%	6.89%	60.42%	36.28%	1.30
http://www.pardocapital.com/	2.59%	69.98%	27.66%	34.85%	0.73
http://www.quicksilvertrading.com/	18.12%	38.39%	35.66%	32.32%	1.20
No web site	30.59%	52.04%	9.10%	30.57%	1.77
No web site	40.00%	6.10%	35.10%	28.20%	1.90
No web site	22.76%	36.37%	27.59%	27.98%	0.68
http://www.fmgfunds.com	-28.44%	17.23%	78.37%	25.80%	1.19

U R L	騰落率				
	2001年	2002年	2003年	設定来年平均	Sharpe ratio
http://www.maninvestments.com/en/index.jhtml	31.40%	21.00%	46.50%	17.03%	0.66
http://www.csal.com/	10.06%	8.96%	14.27%	16.27%	5.05
http://www.kaynecapital.com/index.jsp	20.10%	7.58%	16.41%	15.85%	2.79
http://www.bridgewaterassociates.com/	5.43%	13.98%	22.30%	14.93%	3.08
http://www.nobleinvest.com/	13.22%	9.57%	8.15%	13.50%	1.09
http://www.transtrend.com	17.63%	15.26%	4.78%	13.00%	1.19
http://www.maninvestments.com/en/index.jhtml	20.10%	14.00%	5.70%	12.80%	2.72
http://www.adventcap.com/	19.14%	11.68%	13.64%	12.79%	2.32
No web site	15.73%	13.42%	2.36%	8.19%	0.91

	ファンド名	会社名	住所
	Abraham Trading Company アブラハム・トレーディング・カンパニー	Abraham Trading Company アブラハム・トレーディング・カンパニー	4th Floor, 111 Congress Avenue, Austin, TX 78701, USA
	Clarke Capital Management-Millenium クラーク・キャピタル・マネージメント・ミレニアム	Clarke Capital Management クラーク・キャピタル・マネージメント	116 W 2nd Street, Hinsdale, IL 60521, USA
*	Man AHL Diversified plc マンAHLディバーシファイドplc	Man Investments Ltd. マン・インベストメンツ・リミテッド	Bahnhofstrasse 15, PO Box 349, 8808 Pfaffikon SZ, Switzerland
	Winton Capital Management Ltd (Diversified) ウィントン・キャピタル・マネジメント・リミテッド(ディバーシファイド)	Winton Capital Management Ltd ウィントン・キャピタル・マネジメント・リミテッド	1a St Mary Abbot's Place, London W8 6LS, England
	Endeavour Funds Management-Global Opportunities エンデバー・ファンズ・マネジメント・グローバル・オポテュニティーズ	Endeavour Funds Management Ltd. エンデバー・ファンズ・マネジメント・リミテッド	Level 6, 100 Walker Street, North Sydney, NSW, 2059 Australia
	Kottke Associates-Swinford コツク・アソシエイツ・スインフォード	Kottke Associates, LLC コツク・アソシエイツ	141 West Jackson Blvd.Suite 1620,Chicago, IL 60604, USA
	Tucson Asset Management-TAMI Global タクソン・アセット・マネジマントTAMIグローバル	Tucson Asset Management, Inc タクソン・アセット・マネジマント	4350 La Jolla Village Drive Suite 340.,San Diego, California 92122, USA
	Transtrend-Diversified Program, Enhanced Risk Profile (USD) トランストレンド・ディバーシファイド・プログラム・エンハンスド・リスク・プロファイル(USD)	Transtrend BV トランストレンドBV	Admiraliteitskade 50,Rotterdam, NL,3063E-D
*	FMG Rising 3 Fund FMGライジング3ファンド	FMG Fund Managers Limited FMGファンド・マネージャーズ・リミテッド	"Suite 502, 5th floor, International Center, 26 Bermudiana Road, Hamilton HM 11, Bermuda "
	Kottke Associates-JVPT コツク・アソシエイツJVPT	Kottke Associates, LLC コツク・アソシエイツ	141 West Jackson Blvd.Suite 1620,Chicago, IL 60604, USA
	Post Advisory Group ポスト・アドバイザリー・グループ	Post Advisory Group, LLC ポスト・アドバイザリー・グループ	11755 Wilshire Blvd. Suit 1400, Los Angeles, CA 90025, USA
*	Aspect Capital Diversified Fund アスペクト・キャピタル・ディバーシファイド・ファンド	Aspect Capital Ltd. アスペクト・キャピタル・リミテッド	"8th Floor, Nations House, 1C Wigmore Street, London, W1U 1QS, United Kingdom "

U R L	騰落率				
	2001年	2002年	2003年	設定来年平均	Sharpe ratio
http://www.abrahamtrading.com/	19.16%	21.51%	74.66%	25.69%	0.56
No web site	2.89%	34.63%	39.57%	25.48%	0.90
http://www.maninvestments.com/en/index.jhtml	19.70%	11.40%	22.30%	23.00%	0.95
http://www.wintoncapital.com/	7.12%	18.34%	27.68%	22.73%	0.83
No web site	21.12%	18.70%	27.96%	22.64%	1.87
http://kottkeassociates.com/	12.99%	19.99%	46.03%	22.30%	1.05
http://www.tami.com	34.41%	20.29%	6.15%	21.87%	0.82
http://www.transtrend.com	26.36%	26.26%	8.47%	21.20%	1.21
http://www.fmgfunds.com	29.23%	20.81%	46.50%	20.40%	0.63
http://kottkeassociates.com/	16.10%	18.00%	21.52%	18.42%	1.68
http://www.postadvisory.com/	35.14%	7.61%	28.85%	18.12%	1.44
http://www.aspectcapital.com/	15.77%	19.19%	21.96%	17.29%	0.91

	ファンド名	会 社 名	住 所
	Schindler Trading シンドラー・トレーディング	Schindler Trading シンドラー・トレーディング	1243 Yorkshire Lane, Barrington, IL 60010, USA
	Beach Capital Management-Discretionary 3XL ビーチ・キャピタル・マネジメント・ディスクレショナリー3XL	Beach Capital Management ビーチ・キャピタル・マネジメント	Cannon Bridge, 25 Dowgate Hill,London EC4R 2YA, England
	ADA Investments Inc-Diversified Trading Program ADAインベストメント・ディバーシファイド・トレーディング・プログラム	ADA Investments Inc ADAインベストメント	135 Munro Street; Toronto, ON; M4M 2B8; Canada
*	Quadriga GCT Futures Fund USD クァドリーガGCTフューチャーズ・ファンドUSD	Quadriga Asset Management GmbH クァドリーガ・アセット・マネジメント	Salzgries 15, Vienna, Austria, A-1010
	Fall River Capital, LLC (Global Trends) フォール・リバー・キャピタル(グローバル・トレンド)	Fall River Capital, LLC フォール・リバー・キャピタル	"11740 N. Port Washington Rd. Mequon, WI 53092, USA"
*	FMG China Fund FMGチャイナ・ファンド	FMG Fund Managers Limited FMGファンド・マネージャーズ・リミテッド	"Suite 502, 5th floor, International Center, 26 Bermudiana Road, Hamilton HM 11, Bermuda "
	Pardo Capital Limited (XT99 Diversified) パード・キャピタル・リミテッド(XT99ディバーシファイド)	Pardo Capital Limited パード・キャピタル・リミテッド	"365 Ridge Road, Kenilworth, Illinois 60043, USA"
	Quicksilver Trading, Inc. クイックシルバー・トレーディング	Quicksilver Trading, Inc. クイックシルバー・トレーディング	Toll Free (800)-636-3633
	Silverstream Forex Program シルバーストリーム・フォレックス・プログラム	Silverstream Forex Program シルバーストリーム・フォレックス・プログラム	14 Chemin de Normandie, 1206 Geneva, Switzerlanc
	Vega Select Opportunities Fund ベガ・セレクト・オポテュニティーズ・ファンド	Vega Asset Management, LLC ベガ・アセット・マネジメント	Madrid / New York (upon request)
	Hawksbill Capital Management-Global Diversified ホークスビル・キャピタル・マネジメント・グローバル・ディバーシファイド	Hawksbill Capital Management ホークスビル・キャピタル・マネジメント	Tel: 312 939 631
*	FMG India Fund FMGインディア・ファンド	FMG Fund Managers Limited FMGファンド・マネージャーズ・リミテッド	"Suite 502, 5th floor, International Center, 26 Bermudiana Road, Hamilton HM 11, Bermuda "

リストの項目にあるSharpe ratio(シャープ・レイシオ)とは、「リスクに対してどれだけのリターンが得られたか」を示す指標である。シャープレイシオの値が大きいほど、小さなリスクで高いリターンを上げたこととなり、ファンドの運用効率性を知る一材料といえる。

本書のヘッジファンド・リストは、信頼できる情報筋から副島隆彦が得た外貨建てファンドの一覧である。投資・運用は、あくまでも自己責任で行ってください。問い合わせは下記まで。希望者には信頼できる投資コンサルタントを紹介します。

副島隆彦メールアドレス　GZE03120@nifty.ne.jp
副島隆彦事務所FAX　042-548-1740

	ファンド名	会社名	住所
*	Man AHL Currency Fund マンAHLカレンシー・ファンド	Man Investments Ltd. マン・インベストメンツ・リミテッド	Bahnhofstrasse 15, PO Box 349, 8808 Pfaffikon SZ, Switzerland
*	CSA Absolute Return Fund CSAアブソリュート・リターン・ファンド	CSA Limited CSAリミテッド	803A World-wide House,19 Des Voeux Road, Central, Hong Kong
	Kayne Anderson Capital Advisors ケイン・アンダーソン・キャピタル・アドバイザーズ	Kayne Anderson Capital Advisors ケイン・アンダーソン・キャピタル・アドバイザーズ	"1800 Avenue of the Stars, Second Floor, Los Angeles, CA 90067, USA"
	Bridgewater Associates, Inc. (Pure Alpha Fund I) ブリッジウォーター・アソシエイツ(ピュア・アルファ・ファンドI)	Bridgewater Associates, Inc. ブリッジウォーター・アソシエイツ	"1 Glendinning Place, Westport, CT 06880, USA"
*	European SICAV Alliance-Galaxy ヨーロピアンSICAVアライアンス・ギャラクシー	Noble Investments Ltd ノーブル・インベストメンツ・リミテッド	Bahnhofstrasse 24, CH-8001 Zurich, Switzerland
	Transtrend-Diversified Program, Standard Risk Profile(USD) トランス・ディバーシファイド・プログラム・スタンダード・リスク・プロファイル(USD)	Transtrend BV トランストレンドBV	Admiraliteitskade 50,Rotterdam, NL,3063E-D
*	Man-Arbitrage Strategies Ltd. マン・アービトレイジ・ストラテジーズ・リミテッド	Man Investments Ltd. マン・インベストメンツ・リミテッド	Bahnhofstrasse 15, PO Box 349, 8808 Pfaffikon SZ, Switzerland
	Advent Capital Management アドバント・キャピタル・マネジメント	Advent Capital Management, LLC アドバント・キャピタル・マネジメント	"1065 Avenue of the Americas, 31st Floor, New York, NY 10018, USA"
	Graham Capital Mgmt., L.P. (Discretionary) グラハム・キャピタル・マネジメントLP(ディスクリーショナリ)	Graham Capital Mgmt., L.P. グラハム・キャピタル・マネジメント	Stanford CT, USA

＊印はUSD/EUR50,000以下の小口対応可能
（設定来年平均利回りは2004年1月末現在）